세계적인 질병관리 과학자가 들려주는

# 전염병 이야기

세계적인 질병관리 과학자가 들려주는

# 전염병 이야기

제니퍼 가디 글 | 조시 홀리나티 그림 | 전혜영 옮김 | 권오길 감수·추천

**1판 1쇄 발행** 2016년 12월 25일   **1판 3쇄 발행** 2020년 3월 20일
**펴낸이** 정중모   **펴낸곳** 톡   **등록** 1988년 1월 21일(제406-2000-000202호)
**주소** 경기도 파주시 회동길 152   **전화** 031-955-0670   **팩스** 031-955-0661
**전자우편** bbchild@yolimwon.com   **홈페이지** www.bbchild.co.kr
**ISBN** 978-89-6155-650-7 73470

It's Catching: The Infectious World of Germs and Microbes
Text © 2014 Jennifer Gardy
Illustrations © 2014 Josh Holinaty
Korean edition published with permission from Owlkids Books Inc.,
Toronto Ontario CANADA through BC Agency, Seoul.
All rights reserved. No part of this publication may be reproduced, stored in retrieval system, or transmitted in any form or by any means, electronic, mechanical photocopying, sound recording, or otherwise, without the prior written permission of Bluebird Publishing Co.
Korean Translation Copyright © 2016 by Bluebird Publishing Co.

이 책의 한국어판 저작권은 BC에이전시를 통한 저작권자와의 독점 계약으로 파랑새에 있습니다.
신 저작권법에 의해 한국 내에서 보호를 받는 저작물이므로 무단 전재와 무단 복제를 금합니다.

**어린이제품안전특별법에 의한 제품 표시**
제조자명 파랑새(톡) | 제조년월 2020년 3월 | 제조국 대한민국 | 사용연령 7세 이상

 생각을 톡(toc) 틔워 주고, 마음속에 담긴 이야기(talk)를 나눌 수 있는 책을 만듭니다.

# 차례

**6** 나는 질병을 찾는 탐정이에요

**10** 1장 미생물을 만나다!
미생물 군집 13
보이지 않는 세계의 비밀 14
세포 배양 18

**22** 2장 질병을 일으키는 미생물
미생물의 분류 25
바이러스 26
박테리아 28
균류 30
기생충 32

**34** 3장 미생물 제대로 알기!
미생물 카드 37
감기 38
독감 42
식중독 46
광견병 50
말라리아(학질) 53
홍역 56

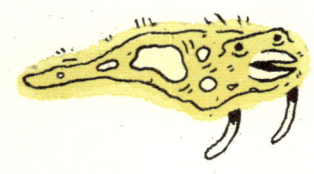

에볼라 59
톡소플라스마증 63
헬리코박터 파일로리 67

## 4장 미생물과 함께 사는 법  70

역사를 바꾼 전염병 72
공중위생 74
백신 78
항생제 82
박테리아의 반격 86
유전자, 게놈, 그리고 미생물 90

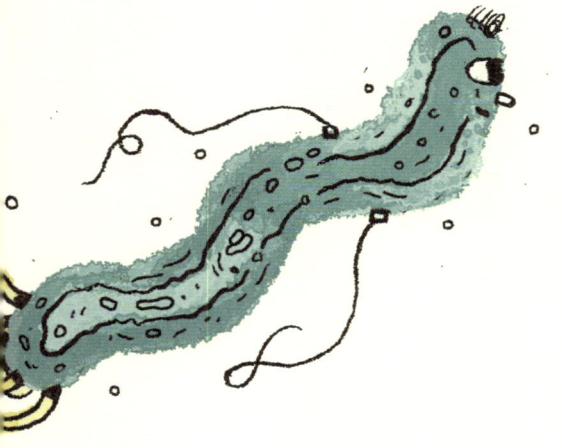

## 5장 공중 보건의 도전  94

미생물 사냥꾼 96
전염병이 발생했다! 97
전염병의 대유행 101
신종 병원균은 어디에서 올까? 104

## 정말 끝일까?  108

찾아보기 110

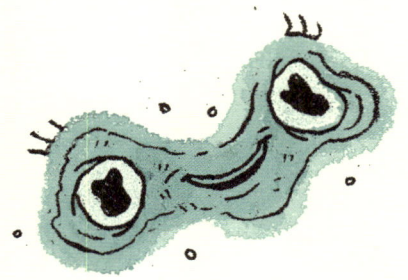

# 나는 질병을 찾는 탐정이에요

내 이름은 제니퍼예요. 미생물을 좋아하죠. 믿기 어렵겠지만 사실이에요. 어쩌면 내가 이상하게 보일지도 모르겠네요. 그렇다고 병에 걸리고 싶다거나 머리가 지끈지끈 아프고 싶다는 얘기는 아니에요. 나는 환상적인 미생물의 세계를 연구하는 일이 무척 좋아요. 미생물이 어떻게 우리를 아프게 하는지 그 과정과 이유를 밝혀 내는 일에 관심이 많답니다.

나는 질병을 찾아내는 탐정이에요. 전염병이 발생하면 현장으로 뛰어가지요. 15년 넘게 바이러스와 박테리아, 우리 몸을 아프게 하는 각종 유행성 질병을 연구하고 있어요. 유행성 질병과 병원균이 우리에게 왜 위험한지, 어떻게 이 사람에서 저 사람으로 병을 옮길 수 있는지도 조사해요. 그리고 우리 몸을 건강하게 유지하는 비법도 함께 연구한답니다.

범죄 현장의 수사관처럼 나도 증거 자료를 수집해요. 목격자나 용의자를 인터뷰하고 지문과 유전자를 분석하듯 말이죠. 물론 범죄 현장의 증거물과 전염병의 증거물에는 차이가 있어요. 나는 용의자나 목격자 대신 병에 걸린 사람들과 대화를 나눠요. 또 사람이 아닌 병원균의 지문을 분석해요. 다시 말해 환자가 아닌 독감, 홍역, 결핵을 일으킨 병원균의 유전자를 분석하는 거예요.

이 책에는 미생물에 대해 공부하면서 알게 된 단순 명쾌한 사실들이 정리되어 있어요.

> 과학 분야에 획기적인 변화를 가져온 한천에서부터

> 우리의 정신까지도 지배하는 기생충에 이어

> 플라스크에 든 박테리아를 직접 마시면서까지 자신의 주장을 증명하려고 노력한 과학자까지(이 과학자는 그 연구 업적으로 노벨상을 탔어요!).

과학자들은 모든 생물이 40억 년 전 특이한 미생물(세포)로부터 시작되었다고 믿어요. 사람은 물론이고 동식물, 공룡, 엄청난 수의 미생물들까지 말이죠. 그 후로 시간이 흐르면서 지구에는 사람과 동식물의 수를 모두 합친 것보다 더 많은 미생물들이 살게 되었어요. 연구할 가치가 있는 미생물의 종류만 해도 수백만 가지가 넘기 때문에 얼른 연구를 시작해야 해요.

이제부터 미생물이 어떻게
우리 몸속에 들어와 병에 걸리게 하는지,
어떻게 하면 병원균 감염을
예방할 수 있는지 알아봐요.

우리 몸을 이루는 디엔에이(DNA)에서부터
지하 하수도에 이르기까지 미생물이 인류 역사에
어떤 영향을 미쳤는지 알게 될 거예요.

**나만의 실험 노트**를 만드세요. 간편하게 쓸 수 있는 소형 현미경이 있으면 옆에 같이 놓고 쓰세요. 드디어 신기한 미생물들의 세상을 경험할 시간이 왔어요!

# 미생물을 만나다!

## 1

모든 병원균은 미생물이에요.
하지만 미생물이 다 병원균은 아니에요.

병원균이 뭔지 알려면 먼저 미생물에 대해 알아야 해요. 미생물은 크기가 아주 작은 생물이에요. 미생물을 뜻하는 단어 '마이크로브(microbe)'는 '매우 작다'는 뜻의 고대 그리스어 '미크로스(mikros)'와 '생물'을 뜻하는 '바이오스(bios)'란 말이 합쳐진 거예요. 미생물을 연구하는 학문을 미생물학이라고 하고, 미생물을 연구하는 과학자를 미생물학자라고 부른답니다. 미생물은 대부분 사람에게 이로운데, 질병을 일으키는 몇몇 미생물들이 있어요. 과학자들은 사람에게 해로운 미생물을 '병원균'이라고 불러요. 흔히 병원균을 줄여서 '병균'이라고 부르죠. 바로 이 병원균 때문에 전염병이 생기는 거랍니다.

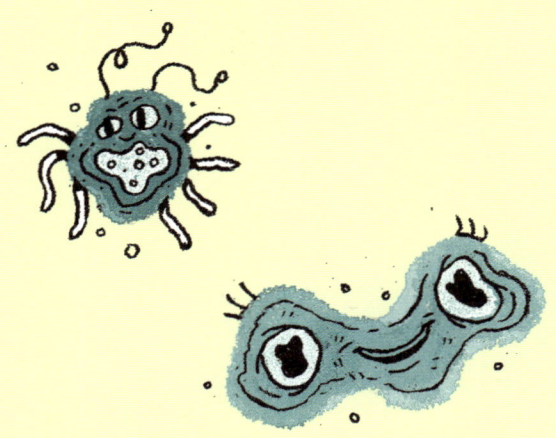

미생물은 우리 주변 곳곳에 있어요. 지금 이 책을 잡고 있는 손에도 미생물이 우글우글할 거예요. 미생물은 숨을 쉴 때 들이마시는 공기에도 있어요. 무더운 여름에 우리가 수영하는 호수나 바닷물 속에도 미생물이 산다는 걸 알고 있나요? 한마디로 우리가 사는 세상은 미생물로 가득한 곳이랍니다!

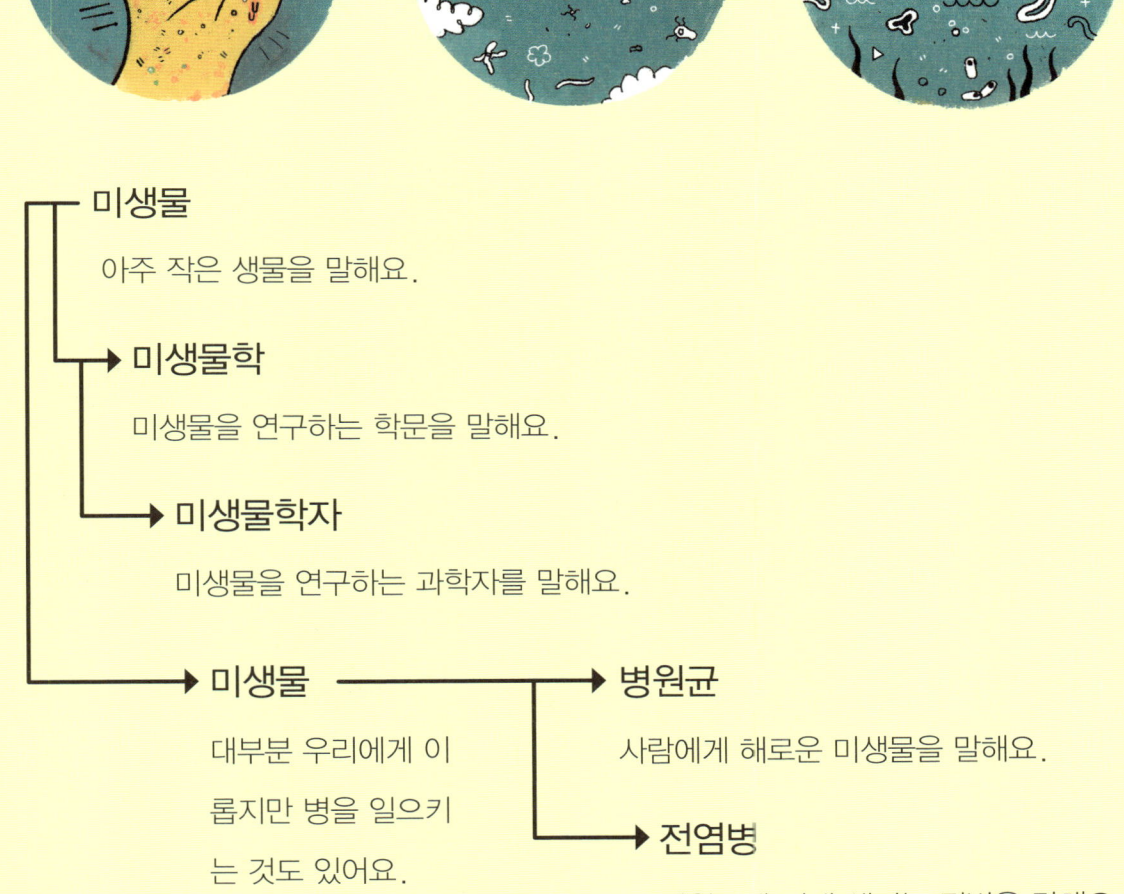

**미생물**
아주 작은 생물을 말해요.

**미생물학**
미생물을 연구하는 학문을 말해요.

**미생물학자**
미생물을 연구하는 과학자를 말해요.

**미생물**
대부분 우리에게 이롭지만 병을 일으키는 것도 있어요.

**병원균**
사람에게 해로운 미생물을 말해요.

**전염병**
병원균에 의해 생기는 질병을 말해요.

과학자들은 지구 어디를 가든 쉽게 미생물을 찾을 수 있어요. 이 세상에 있는 모든 미생물을 한데 모으면 무게가 약 5,000억 톤이나 된대요. 5,000억 톤이면 지구에 존재하는 동식물과 사람의 무게를 모두 합친 것보다 더 무거워요. 미생물은 크기가 너무 작아서 무게를 재는 일이 어려워요. 그런데 미생물의 개수를 세는 일은 훨씬 더 어려워요. 1초에 미생물 1개를 센다고 계산해도 우리 몸에 있는 모든 미생물 수를 다 세려면 300만 년이 걸릴 정도니까요.

# 미생물 군집

**동식물이 저마다 사는 곳이 다르듯
미생물도 사는 곳이 제각각이에요.**

선생님은 수업에 들어온 학생들이 누구인지 알기 위해 출석을 불러요. 미생물학자도 같은 방법을 써요. 어떤 미생물이 코라든가 흙, 집에서 기르는 애완동물 등 어떤 특정한 환경에 살고 있는지 일일이 확인하지요. 미상물이 모여 사는 곳을 '미생물 군집'이라고 불러요. 미생물 군집을 확인하는 건 학교에서 선생님이 아이들의 이름을 부르는 것처럼 쉬운 일은 아니에요. 오늘날에는 유전자 분석표를 사용해 미생물의 종류를 확인할 수 있게 되었어요. 2012년에는 과학자들이 사람의 몸 곳곳에 살고 있는 다양한 미생물의 목록을 만드는 데 성공했죠.

### 미생물에게도 지문이 있을까?

우리 몸속과 피부에는 저마다 고유한 미생물이 있어요. 그래서 우리가 가는 곳마다 미생물이 남게 되죠. 마치 지문을 남기는 것처럼 말이에요. 가정집에서의 미생물 군집 조사를 실시한 과학자들은 이사 전과 후에 집 안의 미생물 군집이 어떻게 달라졌는지 비교했어요. 집에는 원래 살던 사람들의 독특한 미생물 군집이 있었어요. 그런데 새로운 사람이 이사 오자, 놀랍게도 이사 온 사람들의 몸에 있는 미생물로 미생물 군집이 바뀌었어요.

때때로 우리는 지문을 남길 때 미생물까지 같이 남겨요. 최근 몇몇 미생물학자들은 컴퓨터 키보드 자판에서 각기 서로 다른 미생물을 발견했다고 해요.

# 보이지 않는 세계의 비밀

**미생물의 세계는 눈으로 볼 수 없지만,
확대해서 자세히 들여다보면 굉장히 바쁘게 돌아가요.**

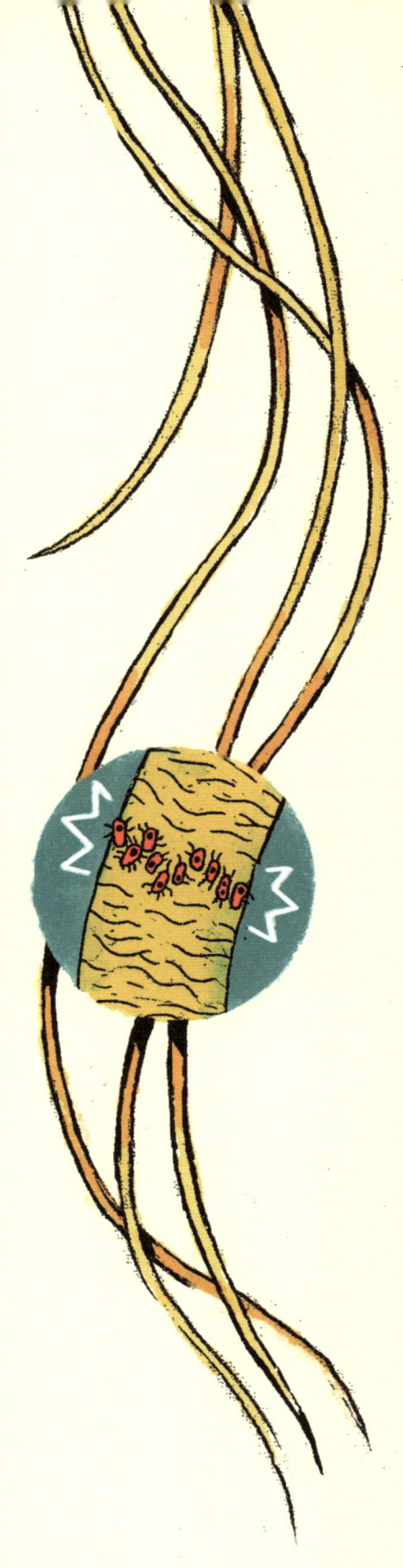

머리카락 하나를 뽑아서 자세히 관찰해 보세요(수만 개 중에 하나일 뿐이니 너무 슬퍼하지 않아도 돼요!). 아주 가늘죠? 머리카락의 두께는 약 0.1밀리미터예요. 다시 말해 지름이 100미크론(1미크론은 1밀리미터의 1,000분의 1) 정도 되지요. 그렇다면 미생물의 크기는 머리카락과 얼마나 차이가 날까요?

기생충은 미생물 중에서 가장 커요. 기생충의 평균 크기는 10미크론이지요. 즉, 기생충 10마리를 합치면 머리카락 하나의 굵기와 비슷해져요.

세상에서 가장 작은 미생물은 바이러스예요. 과학자들이 알아낸 가장 작은 바이러스는 '파보바이러스'예요. 어찌나 작은지 파보 바이러스 5,000개를 합쳐야 머리카락 하나의 굵기와 비슷해진답니다!

## 현미경은 누가 만들었을까?

미생물을 관찰하기 위해서는 현미경이 필요해요. 현미경은 네덜란드의 안경 제조업자인 한스 얀선과 자카리아스 얀선 부자가 1595년에 처음으로 만들었어요. 1609년 이탈리아의 과학자인 갈릴레오 갈릴레이는 이 현미경을 발전시켜 오늘날 우리가 사용하는 광학 현미경의 기본 구조를 완성했고요. 현미경에 관찰 대상을 올려놓고 아래에 빛을 비추면, 거울에 반사된 빛이 렌즈들을 통과하면서 돋보기안경처럼 대상을 크게 확대시켜 주지요.

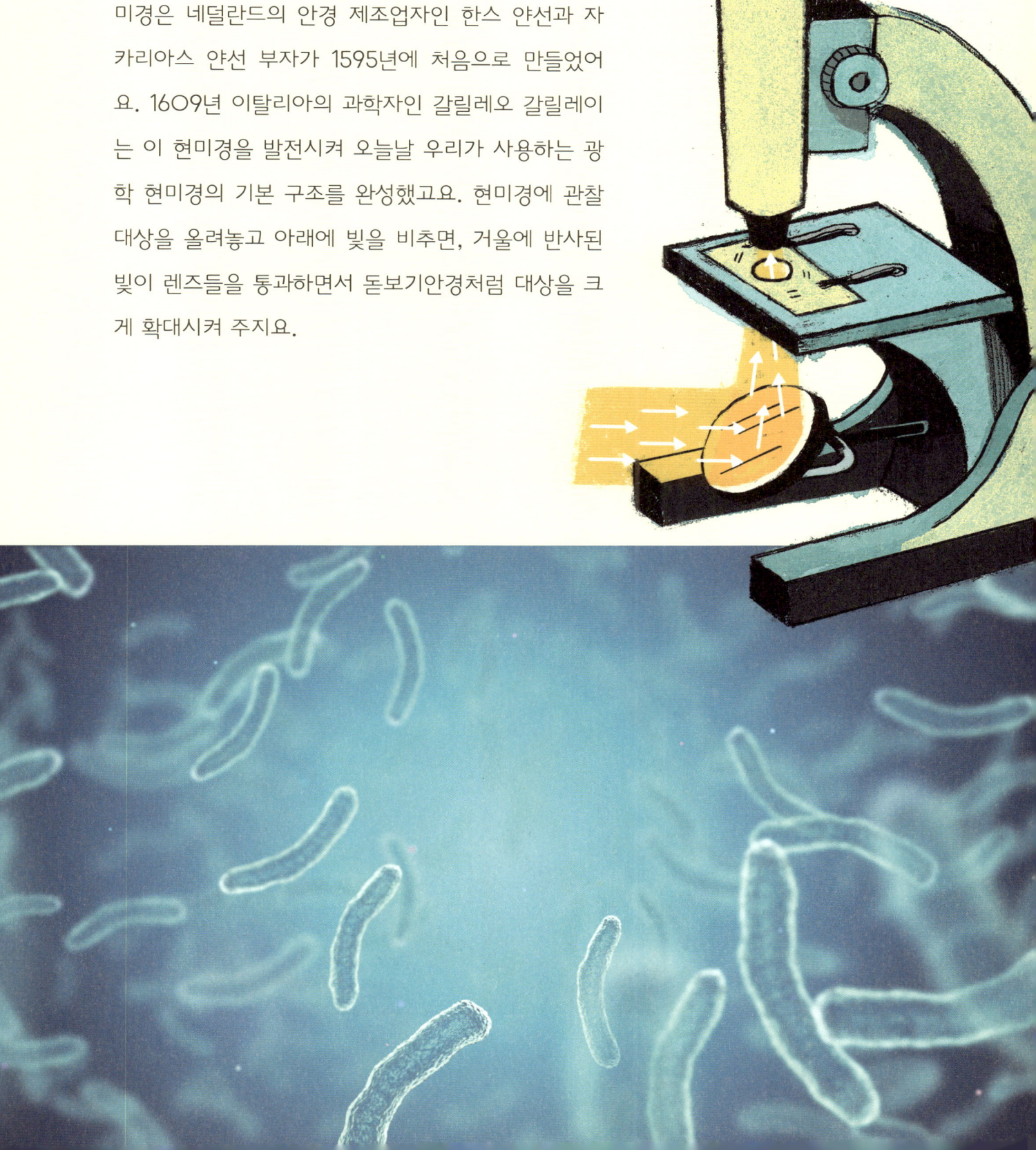

## 언제부터 미생물을 관찰했을까?

안토니 반 레이우엔훅(1632~1723)은 미생물학의 아버지로 불리는 과학자예요. 현미경을 이용해 미생물의 세계를 밝혀냈죠. 레이우엔훅은 직접 만든 현미경으로 비와 눈, 그리고 호수의 물을 조금씩 샘플로 떠 와서 들여다보았어요. 그리고 거기에서 작은 생물체가 꿈틀거리고 있는 걸 발견했어요. 1674년 레이우엔훅은 이 생물체를 '극미동물'이라고 부르며 아주 세세하게 그림으로 남겼어요. 훗날 과학자들은 이 그림을 보고 어느 종류의 미생물인지 가려낼 수 있을 정도였지요.

## 미생물의 도시는 어떤 모습일까?

안토니 반 레이우엔훅처럼 호수의 물을 떠 와서 확대해 보면 어마어마한 미생물의 움직임을 볼 수 있어요. 호수에서 떠 온 물 속 세계는 거대한 도시만큼이나 정신없이 바쁘게 움직이지요. 사실 사람과 미생물의 삶은 거의 다를 게 없답니다.

## 사람이 사는 도시

- 혼자 사는 사람도 있고 여럿이 함께 사는 사람도 있어요.
- 어떤 사람은 외부 활동을 좋아하고 또 어떤 사람은 집 안에 있는 걸 좋아해요.
- 끊임없이 움직이며 붐비는 거리를 돌아다니는 사람이 있는가 하면, 한 자리에 가만히 머물러 있는 사람도 있어요.

## 미생물이 사는 도시

- 혼자 다니는 미생물도 있고, 쌍을 이루거나 무리를 지어 다니는 미생물도 있어요.
- 어떤 환경에서도 잘 사는 종이 있는가 하면, 사람의 몸속에서만 살 수 있는 종도 있어요.
- 어떤 미생물은 잘 움직이고, 어떤 미생물은 꼼짝도 하지 않아요. 잘 움직이는 미생물 중엔 올챙이처럼 꼬리를 흔들며 헤엄치듯 움직이는 것도 있어요.
- 물이나 흙에는 셀 수 없이 많은 미생물이 살아요. 하지만 혈관 같은 곳에는 미생물이 많지 않아요.

# 세포 배양

**눈에 잘 보이지도 않는 아주 작은 생물을 어떻게 배양할까요?
정답은 젤리예요!**

과학자들이 미생물을 연구하기 위해서는 미생물을 보고 만질 수 있도록 크기를 키워야만 해요. 이 과정을 미생물 '세포 배양'이라고 해요. 세포 배양은 연구소에서만 할 수 있는 건 아니에요. 양분과 따뜻한 기온, 인내심만 있으면 세포를 배양할 수 있어요.

### 세포를 어떻게 키울까?

미생물은 배양액이 가득 들어 있는 페트리 접시에서 배양해요. 배양액은 '한천'이라고도 부르는데, 해조류인 우뭇가사리에서 추출한 성분으로 만들어요. 배양액은 말랑말랑한 젤리 같지만 딸기나 레몬, 오렌지 맛이 나지는 않아요. 박테리아는 사람과 입맛이 달라서, 고기즙이나 피처럼 이상한 냄새가 나고 젤라틴처럼 끈적끈적한 물질을 좋아한답니다.

세포를 배양하려면 가장 먼저 관찰할 미생물이 담긴 샘플을 수집해야 해요. 호수에서 떠 온 물이나 콧속의 점액을 묻힌 면봉을 배양액이 든 페트리 접시에 담아요. 그런 다음에 따뜻한 배양기에 페트리 접시를 넣어요. 미생물은 사람과 같은 온혈 동물의 체온과 비슷한 섭씨 37도의 따뜻한 온도를 좋아해요.

미생물마다 배양 속도가 달라서, 미생물이 충분히 배양되기까지 짧게는 며칠에서 길게는 몇 주가 걸려요. 그러고 나면 미생물이 눈으로 보일 정도로 많이 불어나 있을 거예요. 보통 번들거리고 끈적거리는 죽처럼 보이죠. 페트리 접시에 담긴 미생물 군집 안에는 수백만 개의 미생물이 한데 모여 있어요. 이 정도면 어떤 실험이든 할 수 있을 정도로 충분한 양이랍니다.

배양액

배양

페트리 접시

## 누가 세포 배양하는 법을 알아냈을까?

1880년대 독일의 어느 더운 여름날, 과학자 발터 헤세는 화가 머리끝까지 났어요. 헤세는 매일같이 쇠고기에서 추출한 젤라틴을 페트리 접시에 담아 놓고 미생물이 배양되길 기대했어요. 하지만 몇 시간 후 확인해 보면 항상 젤라틴이 무더위에 녹아 버렸어요. 헤세가 아내 안젤리나에게 고민을 털어놓자 안젤리나는 부엌에서 푸딩이나 잼을 만들 때 헤세의 실험실만큼이나 더운 온도에서도 음식이 녹지 않는다는 사실을 알려 줬어요. 그렇게 해서 알게 된 부엌의 숨은 비밀이 과학에 획기적인 변화를 일으켰답니다. 푸딩이나 잼이 더운 온도에서 녹지 않았던 것은 바로 한천 덕분이었어요. 해조류로 만든 한천은 젤라틴과 같은 역할을 하거든요. 다음 날, 헤세는 아내가 준 한천으로 미생물을 배양했고, 마침내 페트리 접시 위에 탱탱하게 불어난 미생물 군집을 얻는 데 성공했어요.

## 한천은 미생물학에 어떤 변화를 가져왔을까?

요리 재료일 뿐이었던 한천 덕분에 미생물학자들은 박테리아를 쉽게 배양할 수 있게 됐어요. 세포 배양이 가능해지자 미생물 연구도 훨씬 수월해졌어요. 요리 재료가 미생물학을 변화시킬지 누가 상상이나 했겠어요?

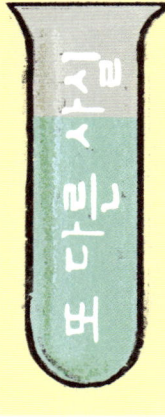

### 배양할 수 없는 미생물도 있을까?

모든 미생물을 배양할 수 있는 것은 아니에요. 과학자들이 배양하는 미생물은 지구에 존재하는 미생물의 극히 일부에 지나지 않으며, 그 나머지는 배양이 불가능해요. 하지만 디엔에이(DNA) 분석을 통해 미생물의 존재 여부는 파악할 수 있어요.

## 나만의 곰팡이를 키워 보세요!

나만의 미생물을 배양하고 싶나요? 간단해요. 점심 도시락을 며칠 간 그대로 두면 돼요. 나중에 도시락을 열어 보면 그 안에 있던 음식물이 보송보송한 곰팡이로 뒤덮여 있을 거예요. 곰팡이는 빵이나 과일 같은 유기물에서 자라는 균류의 일종이에요.

### 준비물

- 뚜껑이 있는 플라스틱 용기 또는 유리병 4개
- 빵이나 과일, 채소 4조각
- 음식 조각을 넣은 용기를 며칠 동안 보관할 안전한 장소

### 곰팡이 만드는 방법

1. 용기마다 음식을 넣고 곰팡이가 음식을 찾아올 수 있도록 뚜껑을 연 채 하룻밤을 보내요.
2. 다음 날 아침에 뚜껑을 닫고 안전한 장소에 보관해요.
3. 용기 안에 곰팡이가 자라는지 매일 확인해요. 관찰 일지에 곰팡이가 녹색인지 갈색인지, 솜털이 많은지 곱슬곱슬한지 자세히 그려요. 시간이 흐르면서 곰팡이 군집이 얼마나 커지는지도 기록해요.
4. 징그러운 곰팡이를 충분히 관찰했다면 실험을 그만둬도 좋아요. 곰팡이가 핀 음식을 버리고 용기를 세제로 닦아요. 마지막에는 뜨거운 물로 깨끗이 씻어야 해요.

# 질병을 일으키는 미생물

바이러스, 박테리아, 균류, 기생충 등 미생물의 형태는 다양해요.
모든 미생물이 우리 몸을 아프게 하는 것은 아니에요.

사람의 피부나 콧속에 살지만 병을 일으키지 않는 미생물도 있어요.

대부분의 미생물은 '기회병원균'으로 분류돼요. 기회병원균은 사람과 평화롭게 살다가 어느 순간 갑자기 돌변해서 질병을 일으키는 미생물을 말해요. 예를 들어, 사람의 피부에서 자주 발견되는 '황색포도상구균'이란 박테리아가 있어요. 황색포도상구균은 아마 지금 우리 피부에도 있을 거예요. 황색포도상구균은 평소에는 피부에서 살다가 상처를 입어 피가 나면 사람 몸속으로 침투해요. 그렇게 우리 몸은 외부의 병원균에 감염되죠.

병원균에 감염되면 몸이 안 좋아진다는데 사실일까요? 네, 사실이에요. 물론 독감 바이러스가 몸에 침투해도 아프지 않을 수 있어요. 독감이 유행하는 겨울에 독감 바이러스에 감염되는 사람 중 실제로 병을 앓는 사람은 전체 감염자의 3분의 2에 불과해요. 외부 침입자가 몸에 들어오면 우리 몸의 면역 체계가 싸워서 무찌르기 때문이죠.

미생물이 항상 우리 몸을 아프게 하는 것은 아니에요. 하지만 일단 해로운 미생물이 몸에 들어오면 전염병뿐만 아니라 비만에서 심장병까지 우리 몸 곳곳에 영향을 준답니다. 심지어 암을 유발할 수도 있어요. 박테리아 또는 바이러스에 감염되면 우리 몸의 세포가 제대로 기능을 하지 못해요. 그런 세포들이 손 쓸 수도 없게 자라면 나중에 암이 된답니다.

미생물이 우리 몸에 어떻게 작용하고 왜 우리를 아프게 하는지 알아보는 것은 미생물학자가 되는 중요한 과정이에요. 이제부터 나만의 실험 노트를 만든 다음 미생물 수업에 참여해 보세요.

# 미생물의 분류

**과학자들은 서로 다른 미생물들의 관계를 설명하기 위해 분류학을 사용해요.**

어떤 대상에 이름을 붙여 주고 일정한 규칙을 만드는 학문을 분류학이라고 해요. 자동차를 예로 들어 볼까요? 자동차는 크게 승용차, 승합차, 오토바이, 트럭 등으로 나뉘어요. 이들은 바퀴가 달려 있다는 점은 같지만 서로 다른 특성을 가지고 있죠.

마찬가지로 미생물도 크게 바이러스, 박테리아, 균류, 기생충 등으로 나뉘어요. 자동차의 종류가 다르듯 이 네 가지 미생물들도 생김새나 생활 주기, 병을 일으키는 방법 등 활동 영역이 달라요.

## 미생물은 어떻게 분류될까?

자동차 회사에서는 저마다 다양한 모델을 선보여요. 제조 과정은 같아도 각기 다른 색깔과 모양을 띠고, 다른 재료로 만들어지며, 다른 엔진이 장착되죠. 마찬가지로 다 같은 미생물이라도 속과 종에 따라 그 특징이 달라요. 대장균 속, 살모넬라 속, 말라리아원충 속과 같은 속에는 수십에서 수백까지의 종이 있어요. 대장균, 쥐티푸스균, 열대열원충과 같은 종이 들어 있지요.

또한 똑같은 이름의 자동차라도 색깔과 기능 등이 다르듯이, 미생물도 같은 종이라고 해도 세부적인 특징이 조금씩 다를 수 있어요. 전염되는 과정이나 일으키는 질병의 종류와 증상 등이 말이에요.

# 바이러스

**바이러스는 미생물 중에서 크기가 가장 작아요.
이 작은 말썽꾸러기가 전염병을 일으키는 주범이랍니다.**

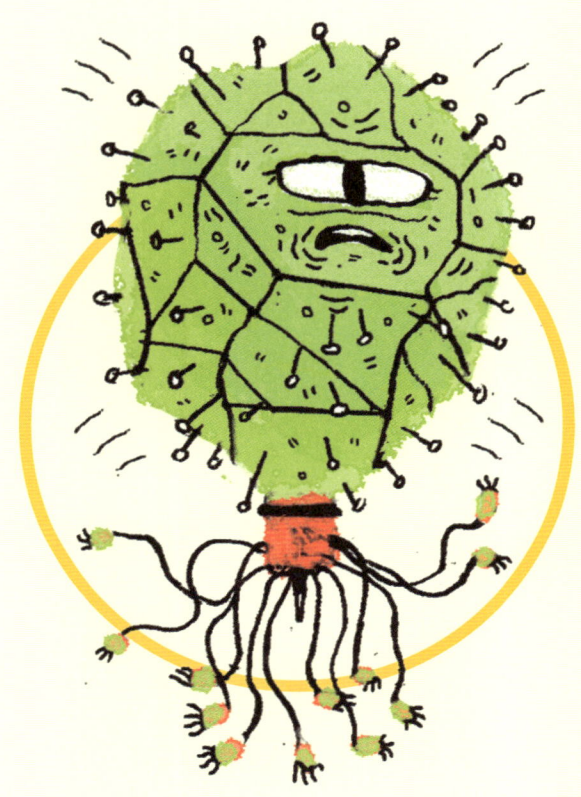

바이러스는 기하학적인 캡슐처럼 생겼어요. 단단한 껍질은 퍼즐 조각을 모아 놓은 것처럼 생긴 단백질로 이루어져 있죠. 이 껍질 안에는 유전적인 정보를 가진 유전자가 들어 있어요. 이 유전자들이 계속 복제되면서 바이러스가 복제되는 거예요. 다른 미생물과 달리 바이러스는 자기 자신을 스스로 복제하지 못해요. 그래서 다른 생물의 세포에 들어가 세포의 단백질을 이용해 복제한답니다.

## 바이러스는 어떻게 우리 몸을 아프게 할까?

모르는 사람이 우리 집을 부수고 들어와 물건을 마음대로 쓰고 음식을 다 먹어 버린다면 굉장히 화가 나겠죠? 바이러스가 우리 몸속에 들어오면 우리 몸의 세포들도 당연히 화가 나요. 바이러스에 감염됐을 때 몸이 아픈 이유는 사실 바이러스 때문이 아니에요. 작은 침입자를 무찌르기 위해 우리 몸의 면역 체계가 반응하면서 일어나는 부작용이에요.

바이러스가 우리 몸에 침입하면 여러 가지 면역 세포들이 바이러스를 내쫓기 위해 싸워요. 이때 면역 세포들은 '사이토카인'이라고 하는 신호 물질을 내보내 다른 세포들에게 "도와줘, 여기 바이러스가 있어!"라고 알려요. 여기서 문제는 신호 물질을 너무 과격하게 보낸다는 거예요. 그러다 보니 신호 물질을 전달받은 다른 면역 세포들이 너도나도 싸움에 끼어들면서 염증이 생기고 콧물이 흐르게 돼요. 염증이 생기고 콧물이 흐르는 건 바이러스에 감염됐을 때 생기는 대표적인 증상이에요.

이제부터는 감기에 걸려서 계속 콧물을 닦게 되더라도 걱정하지 마세요. 콧물이 흐른다는 것은 우리 몸이 감기 바이러스에 맞서 열심히 싸우고 있다는 증거니까요.

# 박테리아

**우리 몸에는 사람 세포보다 열 배나 많은 박테리아 세포가 있어요.
그중 몇몇 박테리아는 고약한 계획을 꾸미고 있죠.**

박테리아는 단세포이며 형태가 다양해요. 둥근형, 원통형, 막대형을 비롯해 구불구불한 나선형이나 각진 별 모양도 있어요.

## 박테리아는 우리 몸에 어떻게 작용할까?

박테리아는 그 형태가 다양한 만큼 일으키는 질병의 종류도 다양해요. 박테리아에 감염되면 면역 체계가 활동을 시작하면서 몸에 여러 가지 증상이 일어나요. 폐렴을 일으키는 폐렴구균이 우리 몸에 들어오면 면역 체계가 가동하면서 귀가 아픈 증상이 생기죠.

독소를 만드는 박테리아도 있어요. 이 독소는 우리 몸의 세포에 매우 해로워요.

예를 들면 콜레라균에 감염되면 설사를 일으키는 콜레라에 걸려요. 단백질로 이루어진 콜레라 독소가 우리 몸의 수분을 몸 밖으로 빼 버리기 때문에 계속 설사를 하게 되지요. 콜레라에 걸리면 한 시간에 2리터씩 몸속의 수분이 빠져나가요.

## 박테리아는 왜 전염이 잘될까?

바이러스와는 달리 박테리아는 세포가 둘로 갈라지면서 혼자서도 복제가 가능해요. 박테리아 세포 하나가 둘이 되고 그다음에는 넷이 되죠. 그런 식으로 계속 수가 증가한답니다. 대장균은 하나에서 둘로 분열하는 데 약 20분이 걸려요. 한 시간 뒤에는 그 수가 여덟 개로 늘어나고, 6시간 정도가 지나면 그야말로 엄청난 숫자가 돼요. 박테리아가 일으키는 전염병이 왜 그렇게 빨리 퍼지는지 이제 알겠죠?

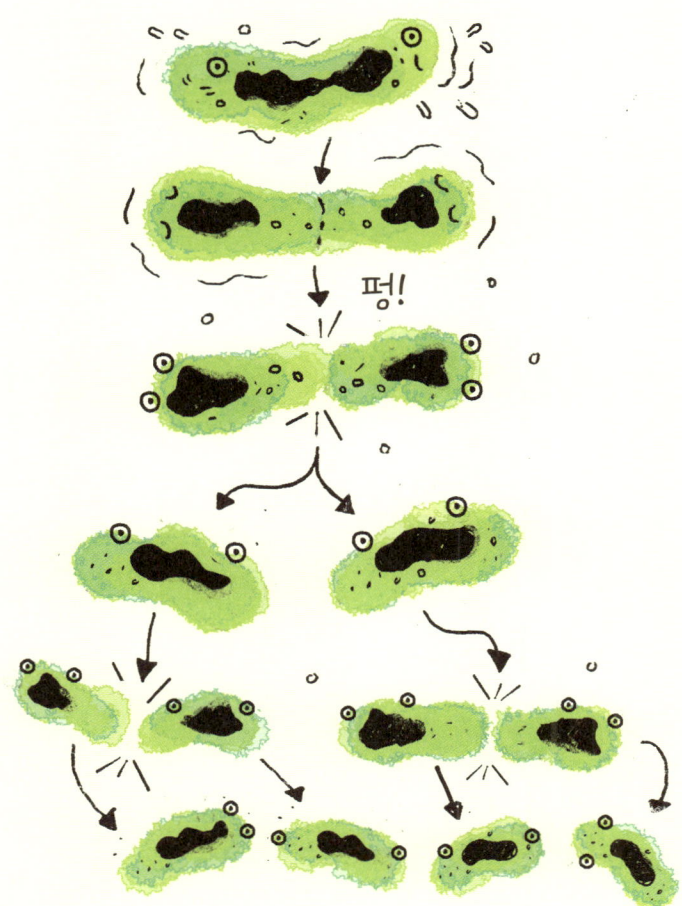

# 균류

**착한 균류도 있지만 모든 균류가 착한 것만은 아니에요.**

버섯과 페퍼로니가 들어간 피자를 볼까요? 피자에는 세 가지의 서로 다른 균류가 들어 있어요. 먼저 피자 반죽이 부풀어 오르게 만드는 맥주효모균이 들어 있어요. 페퍼로니의 진한 맛은 푸른곰팡이에서 나오고요. 양송이버섯 역시 균류의 일종이랍니다.

지구에 존재하는 150만 종의 균류는 대부분 사람에게 이로워요. 실제로 많은 균류가 질병을 무찌르는 데 도움을 준답니다. 1940년대부터 과학자들은 균류로부터 천연 성분의 항생제를 추출했어요. 페니실린이 바로 균류인 푸른곰팡이로 만든 항생제예요. 균류 덕에 치명적인 박테리아 감염을 치료할 수 있게 된 거지요.

## 조심해야 할 균류에는 무엇이 있을까?

균류 중에는 그 수가 어마어마하게 증가하면서 우리 몸에 질병을 일으키는 것이 있어요. 발가락 사이가 간지럽고 피부가 벗겨진 적이 있나요? 무좀균 때문이에요. 전 세계 인구 중 약 3분의 2가 무좀에 걸려 본 적이 있다고 해요. 다행히 피부에 감염되는 균류는 쉽게 치료할 수 있어요.

하지만 균류가 다른 부위에 감염되면 위험할 수 있어요. 특히 면역력이 약한 사람에게는 더욱 위험해요. '아스페르질루스증'과 '콕시디오이데스진균증'이라는 질병은 숨을 쉴 때 균류의 작은 입자인 포자가 폐로 들어와서 감염돼요. 균류의 포자가 폐에서 번식하면서 나중에는 숨 쉬기가 힘들 정도로 크기가 커진답니다.

### 균류는 얼마나 크게 자랄 수 있을까?

1998년 미국의 오리건 주에서 한 과학자가 거대한 균류 덩어리를 발견했어요. 전체 면적이 10제곱킬로미터나 되는 이 균류는 '뽕나무버섯 속'에 속하는 '꿀버섯'이라고 해요. 축구장 1,665개를 합쳐 놓은 크기에 균류가 가득 차 있는 셈이죠. 정말 엄청나죠!

# 기생충

**기생충은 살아남기 위해 다른 생물을 이용해요.
숙주 생물은 아무것도 모른 채 치명적인 피해를 입게 되죠.**

기생충은 형태도 크기도 다양해요. 기생아메바처럼 단세포로 된 동물도 있고, 빈대나 이처럼 크기가 아주 작은 곤충도 있어요. 기생충의 하나인 촌충 중에는 길이가 20미터나 되는 것도 있어요. 버스보다도 길이가 더 긴 셈이죠. 기생충은 크기와 생김새가 제각각이지만 공통점이 있어요. 바로 번식을 하기 위해 다른 생물의 몸에서 기생한다는 거예요. 기생충은 마치 자기 집인 것처럼 다른 생물의 몸에 머물면서 영양분을 빼앗아 먹어요. 이렇게 기생충에게 영양분을 내주는 생물을 '숙주'라고 해요.

## 기생충은 얼마나 해로울까?

사람에게 해를 끼치는 곤충과 관련된 백과사전을 찾아보면 아마 기생충 이야기가 대부분일 거예요. 병원균에 감염되면 대부분 열이 나거나 설사를 하는데 그치지만 기생충에 감염되면 아주 끔찍하고 기상천외한 증상을 경험하게 되죠. 기생충은 위생적으로 열악한 환경에서 잘 번식해요. 그래서 사람보다는 동물의 몸에 더 많이 기생하지요. '레우코클로리디움 파라독섬'이라는 기생충은 달팽이의 더듬이에 기생하는 편형동물이에요. 달팽이의 더듬이를 길게 늘어트린 다음 색깔을 바꿔서 애벌레처럼 보이게 만들어요. '리베이로이아'라는 기생충은 개구리에 기생하면서 개구리 다리를 하나 이상 더 생기게 만들지요. 연가시는 기다란 끈처럼 생긴 유선형동물인데, 귀뚜라미나 사마귀 몸속에서 숙주의 행동을 조종하는 무서운 기생충이랍니다.

## 사람을 노리는 기생충

달팽이나 개구리, 곤충뿐 아니라 사람의 몸에도 기생충이 살 수 있어요. 기생충은 다양한 질병을 일으키기도 하죠. 아주 작은 아메바가 우리 뇌에 들어갈 수도 있고, 사상충이 다리 속에 기생해 살면서 몸 크기를 계속 부풀릴 수도 있어요. 이러한 불청객 때문에 사람도 여러 가지 질병에 걸릴 수 있답니다.

# 미생물 제대로 알기!

세상에는 수많은 미생물이 있어요.
미생물이 지나간 자취를 확인하려면
누군가의 노력이 필요해요.

1948년 국제연합은 전 세계 국민들을 위해 세계보건기구(WHO)를 창설했어요. 스위스 제네바에 본사가 있으며, 전 세계의 모든 질병을 관리하고 있죠.

해마다 세계보건기구는 전 세계의 질병 실태를 조사한 결과를 바탕으로 질병의 발병률과 사망률을 담은 보고서를 발표해요. 발병률은 얼마나 많은 사람이 그 병에 걸렸는지 알려 주는 수치이고, 사망률은 그 병에 걸린 사람 중 얼마나 많은 사람이 죽었는지를 말해 주는 수치예요.

선진국은 전염병의 발병률과 사망률이 낮은 편이에요. 하지만 북아메리카나 유럽과는 달리 의사나 간호사가 부족한 나라에서는 미생물이 심각한 문제가 된답니다.

세계보건기구에서 신경 써야 할 미생물이 얼마나 되느냐고요? 엄청 많아요. 미생물에 의한 전염병 종류만 해도 거의 2,000가지나 된답니다. 전염병 이름만 알파벳 순서대로 정리해도, 맨 앞에 가시아메바증(acanthamebiasis)부터 맨 뒤에 접합진균증(zygomycosis)까지 수없이 많아요. 지구에 존재하는 모든 미생물을 알려면 시간이 너무 많이 걸릴 거예요. 그러니까 우선 제일 유명한 미생물부터 만나 보도록 할까요?

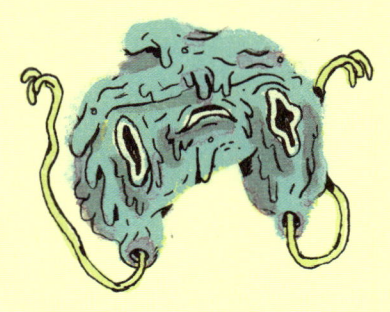

세계보건기구
(WHO : World Health Organization)

미생물은 셀 수 없이 많아요. 지구에 사는 70억 명의 사람들이 적어도 1년에 한 번은 미생물로 고생할 정도로 말이에요. 다음은 한 해 동안 미생물이 사람에게 일으킨 질병 통계예요.

- 280만 명이 '인체 면역 결핍 바이러스(HIV)'에 감염되어 '에이즈(AIDS)'에 걸렸어요.
- 900만 명이 뎅기열 증상을 보였어요. 열대 모기에 물려 뎅기 바이러스에 감염된 거예요.
- 2,720만 명이 홍역 바이러스에 감염되어 피부가 가렵고 빨갛게 부어오르는 증상에 시달렸어요.
- 2억 4,140만 명이 기생충에 감염되어 말라리아로 고생했어요.
- 4억 4,680만 명이 호흡기에 바이러스가 감염되어 기관지염이나 폐렴에 걸렸어요.
- 46억 명이 설사를 했어요. 전 세계 인구의 절반이 1년에 한 번은 꼭 설사를 한 거랍니다.

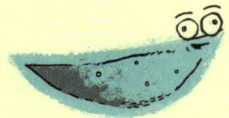

# 미생물 카드

미생물학자가 되고 싶다면 미생물이 옮기는
여러 가지 질병의 신호와 증상을 잘 알아야 해요.
미생물이 어떻게 병을 옮기고, 그 병이 얼마나 위험한지도 알아야 하지요.
다음 카드에 보는 것처럼 미생물은 저마다 다른 특징을 갖고 있어요.

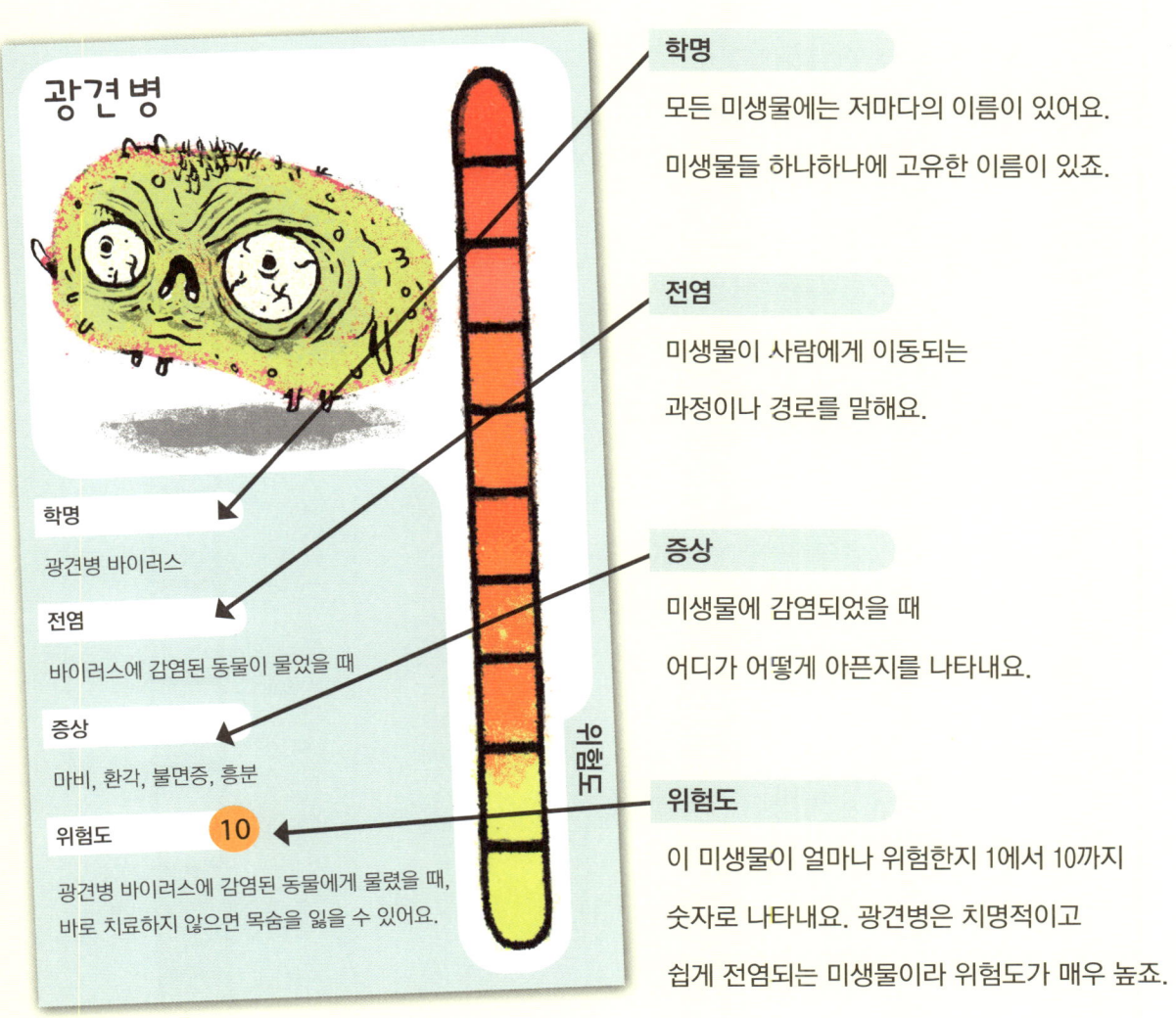

**학명**

모든 미생물에는 저마다의 이름이 있어요.
미생물들 하나하나에 고유한 이름이 있죠.

**전염**

미생물이 사람에게 이동되는
과정이나 경로를 말해요.

**증상**

미생물에 감염되었을 때
어디가 어떻게 아픈지를 나타내요.

**위험도**

이 미생물이 얼마나 위험한지 1에서 10까지
숫자로 나타내요. 광견병은 치명적이고
쉽게 전염되는 미생물이라 위험도가 매우 높죠.

# 감기

**코에서 보내는 주의 경보예요.**

감기는 굉장히 특이해요. 전염병은 대개 한 가지 종류의 미생물 감염에 의해 일어나는데, 감기는 원인이 정말 다양하거든요. 하지만 대개는 리노바이러스에 감염되어 콧물이 나고 기침과 재채기를 하게 되는 경우가 많죠. 리노바이러스는 그리스어로 코에 생긴 바이러스라는 뜻이랍니다.

### 감기

**학명**
리노바이러스, 코로나바이러스, 아데노바이러스, 호흡기 세포 융합 바이러스, 메타뉴모바이러스 등

**전염**
공기 중의 작은 물방울, 감염된 사물과의 접촉

**증상**
염증, 코 막힘, 재채기, 기침, 피로

**위험도** 2

감기는 쉽게 전염되지만 며칠 앓고 나면 정상으로 돌아와요.

## 겨울마다 훌쩍대는 이유는 뭘까?

바이러스에 감염되면 우리 몸에서 항체가 만들어져요. 항체는 특정 바이러스를 기억하고 있다가 그 바이러스가 다시 나타나면 얼른 덮쳐 우리 몸을 보호해요. 그런데 왜 우리는 매번 감기에 걸려 몸이 욱신욱신 쑤실까요? 왜 항체는 우리 몸을 안전하게 보호하지 못하는 걸까요?

리노바이러스가 우리 몸에 들어오면 콧물이 나고 재채기를 해요. 우리 몸이 리노바이러스의 항체를 만들면서 일어나는 반응이죠. 리노바이러스의 균주는 99종이 넘어요. 그런데 한 종에 맞서기 위해 만들어진 항체는 다른 종의 균주와는 싸우지 못한답니다. 그래서 우리는 겨울마다 감기에 걸려 훌쩍댈 수밖에 없는 거예요.

### 날씨가 추우면 감기에 걸릴까?

겨울에 감기에 걸리는 사람이 많다 보니, 날씨가 추우면 감기에 걸린다고 생각하기 쉬워요. 하지만 겨울에 감기에 잘 걸리는 건 실내 생활 때문이에요. 추위를 피해 따뜻한 실내에 머무는 시간이 많아지면서, 다른 사람들과의 접촉이 잦아져 쉽게 바이러스에 감염되지요. 그러니까 춥다고 무조건 감기에 걸리는 것은 아니에요.

### 감기와 날씨는 어떤 관계가 있을까?

영어에서 감기는 춥다는 뜻의 '콜드(cold)'예요. 왜 덥다는 뜻의 '핫(hot)'이 아니라 춥다일까요? 16세기 사람들은 감기의 증상이 마치 날씨가 추울 때 나타나는 현상과 비슷하다는 걸 발견했어요. 코가 빨개지고 콧물이 줄줄 흐르니까요. 그래서 감기를 추위와 동일한 단어로 쓰게 되었답니다. 물론 후대 사람들은 감기가 날씨와 전혀 상관 없다는 것을 알았어요. 그러면서도 그 이름을 계속 사용했지요.

## 이렇게 하면 정말 감기가 나을까?

감기에 걸렸다고요? 감기를 퇴치하는 방법 몇 가지를 알려 줄게요.

### 축축한 양말 신기

어떤 나라 사람들은 젖은 양말을 신고 자면 혈액 순환이 좋아진다고 믿어요. 코 막힘도 줄어들고 면역 세포가 감기 바이러스를 물리치는 데 더 효과적이라는 거죠.

### 초콜릿 먹기

다크 초콜릿에 들어 있는 '테오브로민'이란 성분이 기침을 가라앉혀 준다고 해요.

### 카레 먹기

남부 아시아 사람들이 카레를 만들 때 자주 쓰는 '호로파'라는 향신료가 있어요. 이 향신료를 넣은 카레를 많이 먹으면 바이러스에 감염되지 않는다고 해요.

### 재즈 음악 듣기

매일 트럼펫 연주를 들으면 의사를 볼 일이 없을까요? 하루에 30분씩 재즈 음악을 들으면 '면역글로불린 A'라는 항체가 병원균에 맞서 싸울 수 있는 힘이 더 세진다는 말이 있어요.

### 위와 같이 하면 감기가 정말 나을까요?

아마 아닐 거예요. 의사들은 감기 환자에게 충분히 휴식하고 물을 많이 마시라고 권해요. 그리고 또 하나 닭고기 수프를 먹으라고 하지요. 한 연구 결과에 따르면 닭고기 수프는 지나치게 많이 활동하는 면역 체계를 정상적으로 만들어 주고, 코 막힘 증세를 없애는 데 도움을 준다고 해요.

# 독감

### 차원이 다른 독한 감기예요.

영화에 나오는 스파이들은 자신의 외모를 감쪽같이 숨기는 변장의 천재예요. 머리를 염색하거나, 가짜 수염을 붙이거나, 대머리로 변장을 하거나, 살을 찌워서 깜짝 놀랄 만한 변신을 시도하죠.

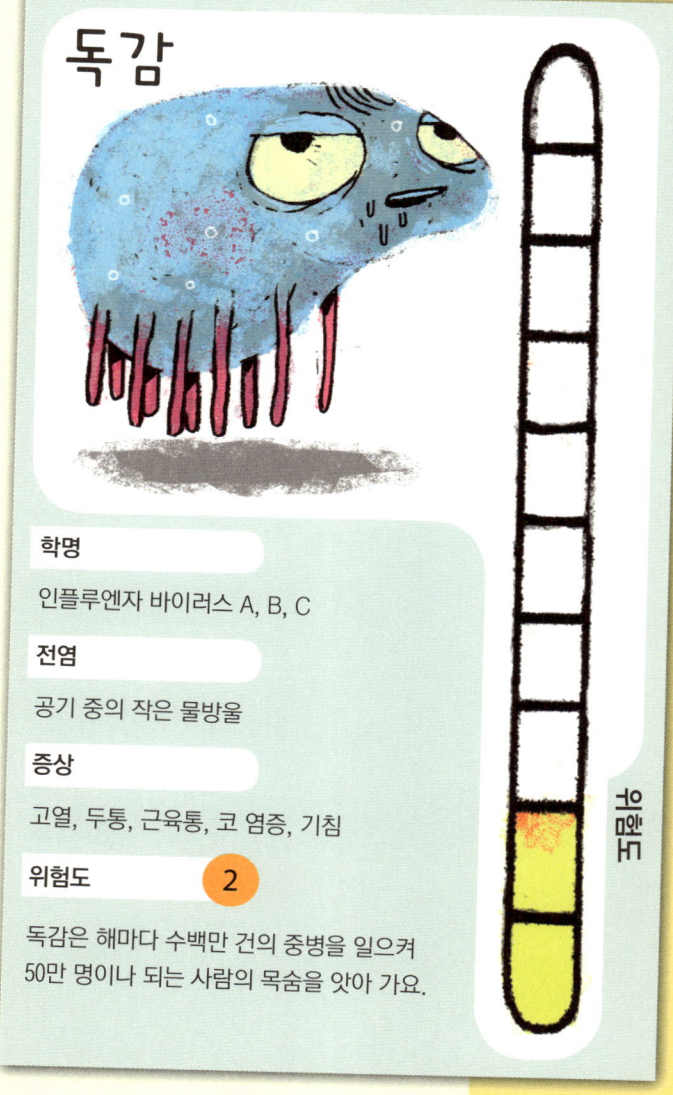

**독감**

**학명**
인플루엔자 바이러스 A, B, C

**전염**
공기 중의 작은 물방울

**증상**
고열, 두통, 근육통, 코 염증, 기침

**위험도** 2

독감은 해마다 수백만 건의 중병을 일으켜 50만 명이나 되는 사람의 목숨을 앗아 가요.

독감도 마찬가지예요. 바이러스 세계의 비밀 요원이라고 불릴 정도로 변장의 천재랍니다. 겉모습에 작은 변화가 생기는 경우도 있지만 어떤 때는 몰라볼 정도로 모습이 완전히 바뀌기도 해요. 그래서 계속 우리를 괴롭힐 수 있나 봐요. 그런데 독감 바이러스는 왜 이렇게 자꾸 변할까요? 그건 인체의 강력한 면역 체계에 맞서 싸울 수 있도록 진화한 결과예요.

## 변장의 마술사, 독감

매년 약 10억 명이 독감에 걸려요. 전 세계 인구로 따지면 일곱 명 중 한 명이 걸리는 거죠. 특정 바이러스가 몸에 들어오면 우리 몸에는 침입자에 맞서 싸우기 위한 항체가 생겨요. 만약 독감 바이러스가 변신을 시도하지 않는다면 몇 년 안에 독감에 걸린 환자들의 몸에 전부 방어용 항체가 생길 거예요. 그럼 더 이상 독감에 감염되는 사람이 없어질 것이고, 독감 바이러스도 사라지게 되겠죠. 독감 바이러스가 머무를 수 있는 숙주가 없으니까요.

하지만 독감 바이러스는 매년 변장을 해요. 예전에 독감에 걸린 적이 있어도 우리 몸에 생긴 항체는 새로운 바이러스를 알아보지 못해요. 그래서 또다시 독감 바이러스가 우리 몸에 침투할 수 있는 거예요. 독감 바이러스는 공기를 통해 이리저리 자유롭게 퍼진답니다.

## 독감의 변장술을 예측하라!

세계보건기구에서는 1년에 두 번씩 아주 중요한 예측을 내놓아요. 독감 바이러스가 어떻게 변장할지 알아맞히는 거예요. 이 예측을 바탕으로 독감을 예방할 수 있는 백신을 만들어요. 세계보건기구에서 일하는 과학자들은 바이러스가 퍼지기 전에 미리 백신을 만들어요. 연구실에서 수개월 동안의 연구 끝에 백신이 탄생하죠. 북반구의 겨울과 남반구에 겨울을 대비해서 1년에 두 번 새로운 백신이 개발된답니다.

이러한 백신은 어떻게 만들까요? 세계보건기구는 전 세계를 대상으로 한 연구소 조직망이 있어요. 개인 진료소와 병원에서 수집한 독감 바이러스의 샘플을 가지고 실험하면서 이 바이러스가 나중에 어떤 변신을 할지 단서를 찾아내죠. 연구를 통해 올겨울에는 독감 바이러스가 가짜 수염을 달지, 우스꽝스러운 안경을 쓸지, 대머리 가발을 쓸지 예상하는 거예요.

## 감기와 독감의 구별법

감기와 독감은 둘 다 공기를 통해 전염되며 코와 목에 염증을 일으켜요. 하지만 바이러스의 종류는 엄연히 달라요. 그렇다면 감기와 독감을 어떻게 구별할 수 있을까요? 증상이 빠르게 악화된다면 독감을 의심해 봐야 해요. 독감은 감기보다 열도 많이 나고 몸이 욱신거리며 속도 메스꺼워져요. 반면에 감기는 코를 훌쩍거리게 되고 몸 상태가 조금 나빠질 뿐이에요.

### 백신 한 방으로 독감을 정복할 수 있을까?

과학자들은 모든 독감을 물리칠 수 있는 독감 백신을 개발하기 위해 노력 중이에요. 독감 바이러스의 변신 과정을 일일이 알아내는 대신 변하지 않는 고정된 부분을 알아내려는 거죠. 만약 이 일이 성공하면 세계보건기구가 해마다 독감 바이러스에 대해 연구할 필요가 없어요. 이 백신 한 방이면 어떤 독감 바이러스도 미리 알아채고 물리칠 수 있을 테니까요.

# 식중독

**음식을 통해 감염돼요.**

식중독은 음식 속에 있는 박테리아와 바이러스에 감염되어 생기는 여러 가지 질병을 일컫는 말이에요. 음식물에 들어 있는 독소 성분이 몸에 흡수되면서 식중독을 일으키는 거지요. 식중독에 걸리면 배탈이 나요.

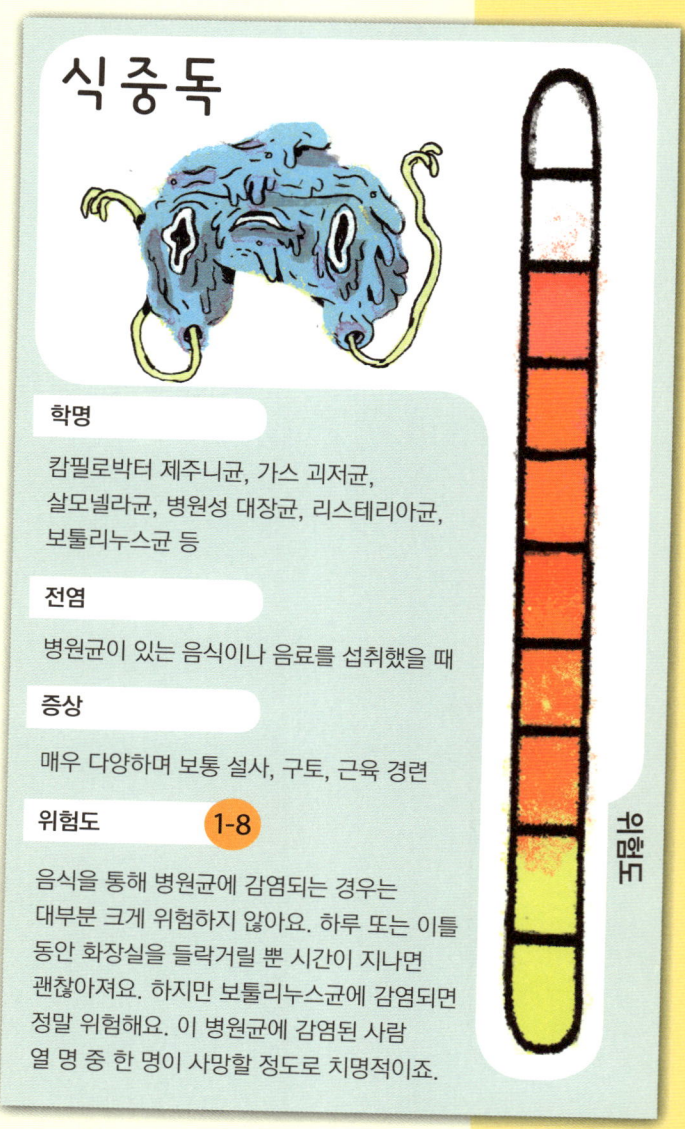

### 식중독

**학명**

캄필로박터 제주니균, 가스 괴저균, 살모넬라균, 병원성 대장균, 리스테리아균, 보툴리누스균 등

**전염**

병원균이 있는 음식이나 음료를 섭취했을 때

**증상**

매우 다양하며 보통 설사, 구토, 근육 경련

**위험도** 1-8

음식을 통해 병원균에 감염되는 경우는 대부분 크게 위험하지 않아요. 하루 또는 이틀 동안 화장실을 들락거릴 뿐 시간이 지나면 괜찮아져요. 하지만 보툴리누스균에 감염되면 정말 위험해요. 이 병원균에 감염된 사람 열 명 중 한 명이 사망할 정도로 치명적이죠.

하지만 배탈이 나도 어떤 음식을 잘못 먹은 것인지 정확히 알기가 힘들어요. 자신이 먹은 새우가 상했는지 아니면 우유가 상했는지 의사를 찾아가 진단받기 전까지는 알 수 없지요. 다행히 식중독은 조금만 조심하면 쉽게 예방할 수 있어요.

## 깨끗하게 씻기

식중독은 보통 병원균이 들어 있는 음식 때문에 걸려요. 예를 들어, 동물의 배설물이 음식에 묻어 있는데 모르고 먹으면 식중독에 걸려요. 새똥이 묻은 상추나, 비위생적인 시설에서 가공 처리된 고기 등이 문제가 되지요. 하지만 음식을 먹기 전에 깨끗하게 씻고 충분히 익혀 먹거나 냉장고에 보관하면 괜찮아요. 그렇게 하면 미생물이 우리에게 병을 옮기기 전에 죽게 되거든요. 하지만 이런 위생 관리법을 지키지 않고, 제대로 씻지 않은 조리 기구로 만든 음식을 먹으면 식중독에 걸릴 확률이 그만큼 높아지지요.

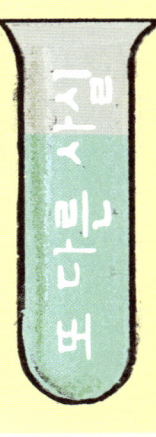

### 장염도 독감의 일종일까?

장염은 영어로 '스토마크 플루(stomach flu)'예요. 플루(flu)는 영어로 독감을 뜻하는 단어여서 장염을 독감 바이러스에 감염된 것으로 착각할 수 있어요. 하지만 장염은 노로바이러스나 로타바이러스에 감염되어 걸리는 바이러스성 위장염이랍니다.

## 음식에 숨어 있는 못된 녀석들

어떤 미생물이 식중독을 일으키는 걸까요? 식중독을 일으키는 미생물들이 어떻게 우리 몸을 아프게 하는지 알아봐요.

### 캄필로박터균

생닭과 살균하지 않은 우유를 매우 좋아해요. 캄필로박터균은 우리 몸속 내장 기관에 있는 세포를 파괴해요.

### 가스 괴저균

'카페테리아 박테리아'란 별명을 가지고 있어요. 녹말 성분의 음식을 유독 좋아하고, 음식 전체가 가스 괴저균에 점령당할 때까지 번식해요.

### 살모넬라균

달걀과 고기에서 자주 발견되는 살모넬라균은 애완동물로 키우는 파충류에게서도 발견될 수 있어요. 그래서 거북을 만진 후에는 손을 깨끗하게 씻어야 해요!

## 병원성 대장균 0157-H7

덜 익은 다진 쇠고기에서 흔히 발견돼요. 일명 '햄버거 병'을 일으키는 병원균이에요. 우리 몸속 내장 기관의 내벽을 파괴한답니다.

## 리스테리아균

식중독과 같은 증상을 일으키고, 며칠 앓고 나면 저절로 치유돼요. 하지만 리스테리아균이 내장이 아닌 혈액 속으로 들어가 뇌까지 퍼지면 생명을 위협하는 뇌수막염에 걸릴 수도 있어요.

## 보툴리누스균

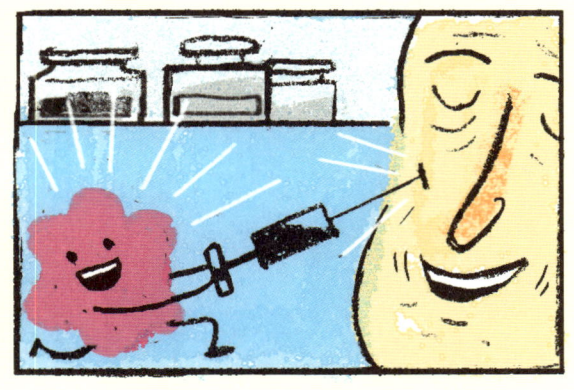

잼이나 통조림의 위생 상태가 나쁠 때 생겨요. 우리 몸의 신경 세포를 마비시켜요. 그런데 놀랍게도 보툴리누스균은 성형외과에서도 사용돼요. 바로 보톡스예요. 환자의 이마에 보톡스를 주입하면 주름이 감쪽같이 사라지지요.

# 광견병

**사나운 야수가 우리 몸에 들어온 것 같은 무서운 병이에요.**

광견병은 정말 무서운 병이에요. 개나 너구리, 스컹크, 박쥐 등과 같은 포유동물이 사람에게 광견병을 옮기지요. 광견병에 걸린 동물에게 물리면, 동물의 침을 통해 광견병 바이러스가 우리 몸에 침투해요. 이 바이러스가 근육 세포에 퍼져, 근육을 감싸고 있는 신경 조직을 파괴하지요. 그러다 결국 중추 신경계까지 파괴되면 몸에 마비 현상이 일어나게 돼요.

**광견병**

학명
광견병 바이러스

전염
바이러스에 감염된 동물이 물었을 때

증상
마비, 환각, 불면증, 흥분

위험도 10

광견병 바이러스에 감염된 동물에게 물렸을 때, 바로 치료하지 않으면 목숨을 잃을 수 있어요.

위험도

또한 광견병에 걸리면 물을 극도로 무서워하게 되어요. 그래서 광견병을 물을 무서워하는 병이라는 뜻인 '공수병'이라고도 불러요. 예전에는 광견병에 걸리면 목숨을 잃었어요. 하지만 프랑스 과학자 루이 파스퇴르가 1885년에 광견병 백신을 개발했어요. 덕분에 광견병을 예방하고, 광견병에 걸린 환자를 치료도 할 수 있게 되었답니다. 동물에게 물린 뒤 빠른 시간 안에 이 백신을 주입하면 100퍼센트 목숨을 구할 수 있어요.

## 광견병에 걸렸다 살아난 여자

광견병에 감염됐다가 백신 치료 없이 생명을 건진 생존자도 있어요. 최초의 생존자로 알려진 지나 기스는 2004년 위스콘신에서 광견병 바이러스에 감염된 박쥐에게 물렸답니다. 그녀는 한 달 후 광견병 증상을 보였고, 의사들은 중추 신경계가 마비되었다고 진단했어요. 다행히 광견병 바이러스가 뇌를 직접적으로 공격하지 않아서 목숨을 잃지 않았어요. 의사들은 엿새 동안 일부러 지나 기스를 혼수상태에 빠지게 했어요. 지나 기스의 면역 체계가 광견병 바이러스에 대항해 싸울 수 있도록 시간을 준 거죠. 이 작전은 성공했고, 지나 기스는 건강을 회복했답니다. 의사들은 이 치료 방법으로 다른 광견병 환자들의 목숨도 살릴 수 있었죠.

### 광견병이 별거 아니라고?

인류는 수천 년 동안 광견병의 존재를 알고 있었어요. 하지만 2012년이 되어서야 과학자들은 광견병이 우리가 생각하는 것만큼 위험하지 않다는 것을 알았죠. 페루의 아마존 정글에 사는 부족 열 명 중 한 명은 광견병 바이러스의 항체를 가지고 있어요. 그 말은 바이러스에 감염된 적은 있지만 심각하게 앓지 않았다는 뜻이죠.

## 먹이로 광견병을 퇴치하는 법

몇몇 나라에서는 야생 동물에게 백신을 놓는 방법으로 광견병을 퇴치했어요. 물론 야생에 사는 모든 동물에게 일일이 주사를 맞힌 건 아니에요. 야생 동물 보호 센터에서 헬리콥터로 먹이를 실어 야생 동물들이 자주 다니는 길목에 먹이를 뿌렸어요. 그 먹이에는 백신이 든 작은 알약이 섞여 있었죠. 동물들이 그 먹이를 먹으면 알약이 터지면서 액체로 된 백신도 몸에 함께 흡수됐어요. 이렇게 손쉬운 방법으로 야생 동물들에게 백신을 투여할 수 있었답니다.

# 말라리아(학질)

**모기에게 물려 감염돼요.
목숨을 잃을 만큼 무서운 병이에요.**

말라리아는 말라리아 기생충이 있는 학질모기에 물려 감염되는 질병이에요. 그래서 말라리아를 학질이라고도 불러요. 적도 근처의 열대 지방 사람들이 많이 걸려요. 날씨가 덥고 비가 자주 내려 모기 유충이 서식하기 완벽한 조건을 갖추고 있어서예요.

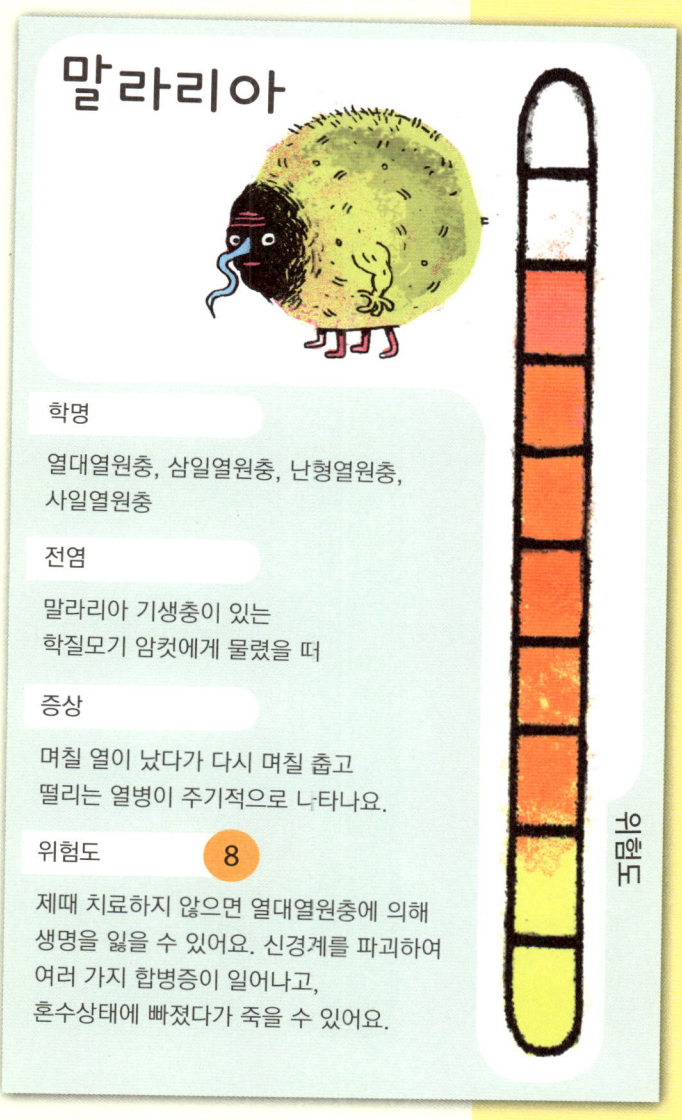

**말라리아**

학명
열대열원충, 삼일열원충, 난형열원충, 사일열원충

전염
말라리아 기생충이 있는 학질모기 암컷에게 물렸을 때

증상
며칠 열이 났다가 다시 며칠 춥고 떨리는 열병이 주기적으로 나타나요.

위험도 8
제때 치료하지 않으면 열대열원충에 의해 생명을 잃을 수 있어요. 신경계를 파괴하여 여러 가지 합병증이 일어나고, 혼수상태에 빠졌다가 죽을 수 있어요.

## 곤충에서 혈액으로

말라리아는 매우 체계적인 방법으로 전염돼요. 말라리아 기생충은 학질모기의 내장에서 번식한 다음 침샘 쪽으로 이동해요. 그러다가 학질모기가 사람의 살갗을 뚫고 피를 빨아먹을 때 사람의 몸속으로 들어가죠. 말라리아 기생충은 사람의 간 속에 잠시 머물다가 혈관을 타고 이곳저곳을 돌아다녀요. 그러다 적혈구에 들어가면 문제가 발생하죠.

## 모기를 퇴치하라!

"예방이 치료약보다 더 낫다."는 속담을 아나요? 말라리아는 정말 그래요. 약으로 치료할 수도 있지만 그보다는 학질모기에게 물리지 않도록 예방하는 것이 무엇보다 중요하죠. 모기가 접근하지 못하도록 하는 방법은 의외로 간단해요.

말라리아가 자주 발생하는 지역에 산다면, 살충제를 집 안 곳곳에 뿌리세요. 유전자를 조작한 불임 수컷 모기를 자연에 풀어놓는 방법도 있어요. 이 수컷 모기들과 짝짓기를 한 암컷은 자손을 번식시킬 수 없어서 말라리아 감염을 크게 줄일 수 있죠. 가장 쉬운 방법은 모기장을 치는 거예요. 암컷 학질모기가 사람의 피를 빨지 못하도록 차단하는 거죠. 밤에 먹이 사냥을 하는 모기에게 가장 큰 적은 살충제를 뿌린 모기장일 거예요. 이렇게 간단한 방법으로도 말라리아 발생률을 절반으로 줄일 수 있어요.

## 놀라운 탄산음료와 효과 만점의 풀

최초의 말라리아 치료제인 키니네는 1600년대에 만들어졌어요. 키니네는 남아메리카에 서식하는 기니나무에서 추출한 성분으로, 쓴맛이 나요. 오늘날 슈퍼마켓에 가면 볼 수 있는 탄산음료의 톡 쏘는 맛과 비슷하죠. 가장 최근에 개발된 말라리아 치료제는 아르테미시닌으로, 개똥쑥 잎에서 추출한 성분이에요. 중국의 약초상들은 기원전 200년 전부터 개똥쑥을 약초로 썼는데, 이것이 말라리아 치료제로 사용되기 시작한 건 1972년이에요. 중국의 투유유라는 의학자는 개똥쑥을 이용해 말라리아 치료제를 개발한 공로로 2015년 노벨상을 수상했답니다.

## 학질모기의 특성

**학명** 학질모기

**성별** 암컷 학질모기가 사람의 피를 빨아먹으면서 유충을 키워요. 수컷은 암컷처럼 피를 빨 수 있는 기다란 주둥이가 발달하지 않았죠.

**수명** 2~3주밖에 못 살아요. 하지만 암컷이 2~3일마다 150개의 알을 낳아서 번식에는 전혀 문제가 없어요.

**활동** 학질모기는 서늘한 기온을 좋아해서 주로 밤에 돌아다니며 사람들을 물어요.

# 홍역

**온몸에 붉은 반점이 생기는 병이에요.
아직도 많은 사람들이 홍역으로 목숨을 잃어요.**

홍역이 대체 뭘까요? 글쎄요. 어쨌든 붉은 반점이 온몸에 생기면 홍역을 의심해요. 역사학자들은 홍역을 뜻하는 영어 단어인 '미즐즈(measles)'가 14세기 네덜란드어인 '마젤(masel)'에서 유래했다고 주장해요. 마젤은 홍조를 뜻하지요. 홍역에 걸리면 정말 몸 여기저기에 붉은 반점들이 생긴답니다.

**홍역**

**학명**
홍역 바이러스

**전염**
공기 중의 작은 물방울, 홍역 감염 환자의 재채기 또는 콧물

**증상**
처음에는 열이 났다가 나중에 갑자기 추워지면서 감기 기운이 나요.
3~7일 후에는 붉은색의 반점이 생겨요.

**위험도** 6

개발 도상국에서는 홍역이 큰 골칫거리예요. 해마다 75만 명이 홍역으로 사망하죠.

홍역은 보통 어린이들이 걸려요. 누구나 어린 시절에 온몸에 반점이 돋아서 방에 갇혀 지낸 적이 한 번쯤은 있을 거예요. 홍역 바이러스는 한번 발병하면 매우 빠른 속도로 퍼져요. 하지만 1963년에 백신이 개발된 뒤에는 홍역 환자 수가 크게 줄었답니다.

## 홍역의 전염 속도는?

질병의 전염을 연구하는 과학자를 전염병학자라고 해요. 전염병학자들은 바이러스가 얼마나 빠르게 전염되는지를 연구해 '재생산 지수'라는 수치로 나타내요. 재생산 지수를 계산하는 과정은 생각보다 간단해요. 전염병 환자 한 명이 얼마나 많은 사람에게 같은 질병을 퍼트리는지 알아보면 돼요. 만약 내가 감기가 걸렸고, 나 때문에 주변 사람 두 명이 감기에 걸렸다면 재생산 지수는 2가 되죠.

감기나 독감의 재생산 지수는 1.5~2예요. 1918년에 유행했던 독감은 2~3이었고, 소아마비와 천연두는 5~7로 높아요. 하지만 홍역을 따라갈 전염병은 없어요. 홍역의 재생산 지수는 무려 12에서 18이나 되거든요. 홍역은 왜 이렇게 전염이 잘 되는 걸까요? 홍역 환자 주변의 공기에 홍역 바이러스가 계속 돌아다녀서예요. 기침을 하거나 재채기를 할 때마다 홍역 바이러스가 공기 중에 흩어져서 주변 사람에게 퍼지죠.

감염률이 얼마나 될까?

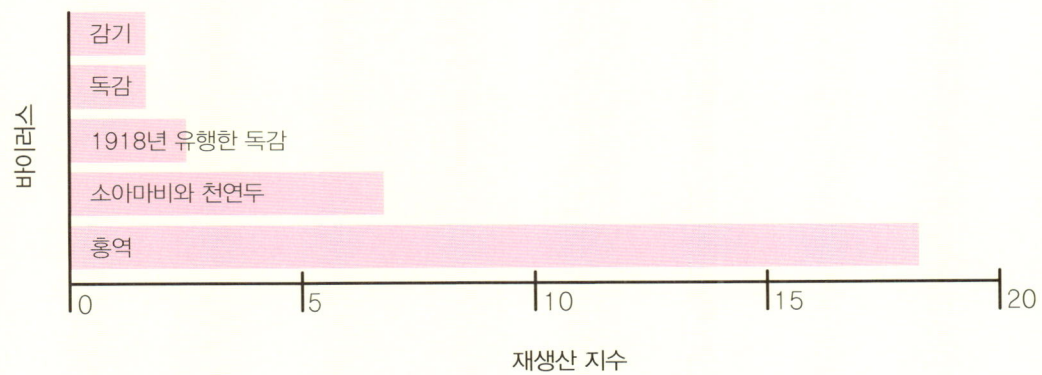

재생산 지수

## 데이비드, 고마워요!

1954년, 미국 보스턴에서 두 명의 의사가 홍역 백신을 개발 중이었어요. 의사들은 백신 개발을 위해 홍역 바이러스가 필요했어요. 그래서 두 의사는 그 지역에 있는 사립 학교로 향했어요. 그곳에는 때마침 홍역에 걸려 머리부터 발끝까지 붉은 반점이 돋은 열한 살짜리 데이비드 에드먼스턴이란 학생이 있었거든요. 의사들은 데이비드의 목에서 혈액 샘플을 추출해 연구실로 가져가서, 홍역 바이러스를 배양하는 데 성공했어요. 그러고 나서 얼마 뒤 세계 최초의 홍역 백신이 만들어졌지요. 두 의사는 백신 이름을 이 어린 홍역 환자의 성을 따서 에드먼스턴이라고 지었어요.

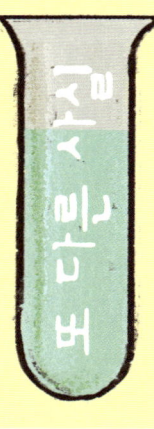

### 전설적인 전염병

기원전 165년 로마 제국에 일명 '안토니우스 역병'이라 불리는 전염병이 퍼지면서 로마인의 3분의 1이 목숨을 잃었어요. 로마 역사가인 갈렌의 기록에 의하면 그때 유행했던 전염병이 바로 홍역이라고 해요.

# 에볼라

**정글에서 주로 발생한다는 추측만 할뿐 감염 원인이 아직 밝혀지지 않았어요.**

에볼라는 어쩌면 세상에서 가장 무시무시한 바이러스인지도 몰라요. 생물안전 4등급으로 분류되는 에볼라는 매우 위험한 바이러스이지요. 그래서 에볼라 바이러스는 전 세계 몇 군데 연구소에서만 특별히 관리되고 있어요. 생물안전등급이란 병원균이 얼마나 위험한 지를 4등급으로 나누어 구분한 것을 말해요.

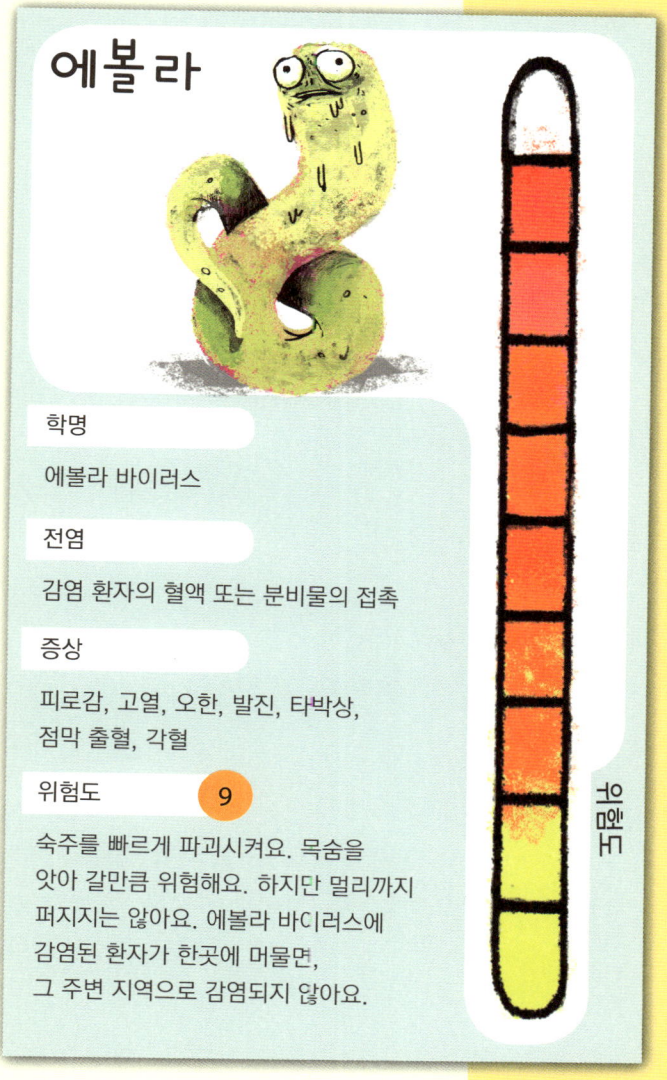

에볼라

학명
에볼라 바이러스

전염
감염 환자의 혈액 또는 분비물의 접촉

증상
피로감, 고열, 오한, 발진, 타박상, 점막 출혈, 각혈

위험도 9

숙주를 빠르게 파괴시켜요. 목숨을 앗아 갈만큼 위험해요. 하지만 멀리까지 퍼지지는 않아요. 에볼라 바이러스에 감염된 환자가 한곳에 머물면, 그 주변 지역으로 감염되지 않아요.

생물안전등급은 아래와 같이 분류돼요.

**생물안전 1등급** 사람에게 질병을 일으키지 않아요.
**생물안전 2등급** 사람에게 가벼운 질병을 일으키지만 특별히 연구되지는 않아요.
**생물안전 3등급** 사람에게 치명적이지만 충분히 치료가 가능해요.
**생물안전 4등급** 매우 위험한 전염병으로, 아직 완벽한 치료법이 없어요.

## 물음표처럼 생긴 정체불명의 바이러스

1976년 콩고 민주 공화국인 자이르의 얌부쿠라는 마을에서 희귀한 질병이 발병했어요. 마을의 작은 병원에 입원한 환자들이 고열에 시달리며 피를 토했어요. 같은 시간에 그곳에서 800킬로미터 정도 떨어진 수단의 한 마을에서도 비슷한 증상을 보인 환자가 발생했어요. 두 마을을 통틀어 600명 이상이 비슷한 증상을 앓았죠. 결국 얌부쿠에 사는 환자 중 90퍼센트가 목숨을 잃었어요.

이 질병은 과학자들에게도 낯선 정체불명의 질병이었어요. 세계보건기구는 환자의 혈액을 추출해 연구를 시작했어요. 전자 현미경으로 들여다본 바이러스는 꼭 물음표처럼 생긴 모양이었어요. 이것이 바로 에볼라 바이러스였어요. 에볼라란 이름은 최초로 이 질병이 발생한 지역의 강 이름에서 따왔답니다.

### 위험한 실험실

아무리 주의를 해도 바이러스를 다루다 보면 사고가 발생할 수 있어요. 1976년, 에볼라를 처음 연구하던 과학자들 중 한 명이 감염된 일이 있었어요. 다행히 그 과학자는 살아남았지만 여덟 명의 동료가 에볼라 바이러스와 에볼라 바이러스의 사촌 격인 마르부르크 바이러스에 걸려 목숨을 잃었어요.

## 에볼라는 어디서 왔을까?

1976년 에볼라가 처음 발견된 이후 에볼라로 18명이 연달아 사망했어요. 모두 아프리카에서 생겨난 일이었지요. 과학자들은 아직도 에볼라가 어떻게 생겨났는지 정확히 알지 못해요. 야생 동물이 많이 사는 정글에서 발생했다고 주장하는 과학자도 있어요. 최초의 에볼라 감염 환자가 원숭이나 고릴라, 침팬지, 박쥐와 신체적으로 접촉했기 때문이죠. 하지만 아직 객관적으로 증명된 것은 하나도 없어요. 그래서 지금도 에볼라 바이러스의 비밀을 풀기 위해 연구가 계속되고 있답니다.

## 실험복 입기!

생물안전 4등급 전염병을 다루는 연구소는 안전 규칙이 매우 엄격해요. 실험실에 들어갈 때조차 지켜야 하는 규칙이 있어요. 과학자들은 탈의실로 가서 평소에 입던 옷을 벗고 실험복으로 갈아입어요. 실험복은 하늘색 우주복처럼 생겼는데 매우 질긴 플라스틱 재질로 만들어져서 칼로 그어도 찢어지지 않아요. 그래서 실험 도중 해로운 물질이 나와도 몸을 보호할 수 있지요. 또 잠수복처럼 내부에 공기가 들어 있어요. 과학자들이 깨끗한 공기를 들이마시면서 안전하게 실험할 수 있게요. 과학자들은 항상 안전을 위해 실험복에 구멍이 있는지 확인한 뒤에 생물안전 4등급 전염병을 다루는 실험실로 들어간답니다.

# 톡소플라스마증

**고양이를 좋아하는 기생충이 옮기는 질병이에요.**

톡소플라스마는 톡소플라스마증을 일으키는 기생충으로, 고양이를 아주 좋아해요. 나도 고양이를 무척 좋아하지만 톡소플라스마의 고양이 사랑은 남달라요. 아마 고양이의 내장 기관 안에서 번식하며 행복하게 사는 것이 톡소플라스마의 최고의 꿈일 거예요.

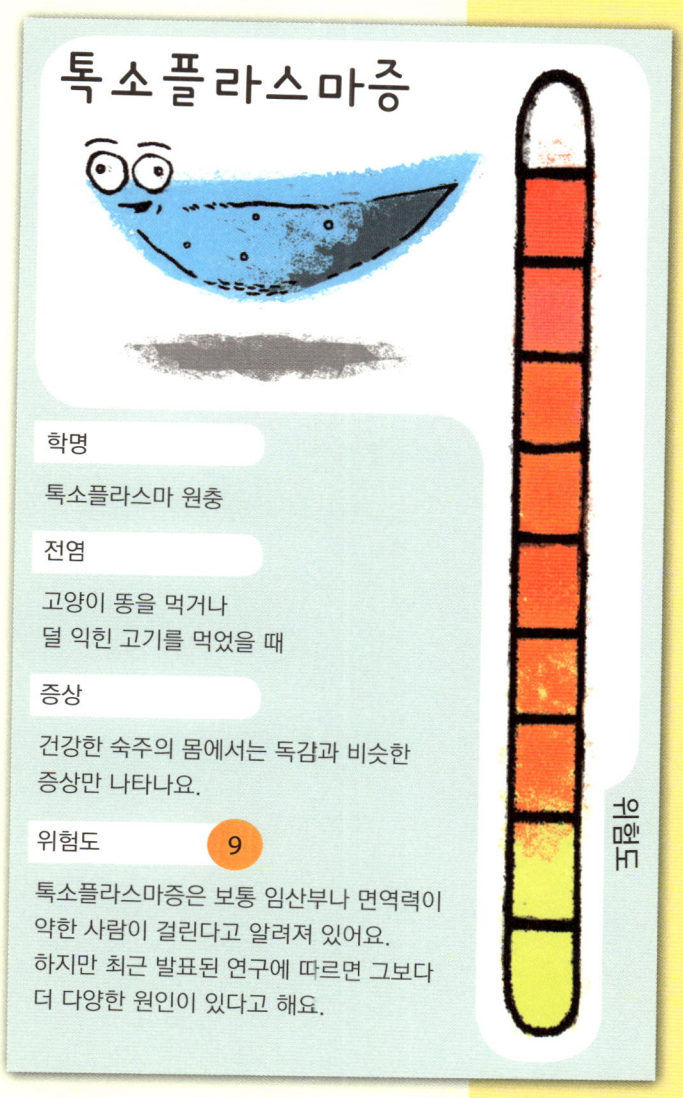

**톡소플라스마증**

학명
톡소플라스마 원충

전염
고양이 똥을 먹거나 덜 익힌 고기를 먹었을 때

증상
건강한 숙주의 몸에서는 독감과 비슷한 증상만 나타나요.

위험도 9

톡소플라스마증은 보통 임산부나 면역력이 약한 사람이 걸린다고 알려져 있어요. 하지만 최근 발표된 연구에 따르면 그보다 더 다양한 원인이 있다고 해요.

톡소플라스마증에 걸린 고양이의 배설물에는 수백만 개의 작은 기생충 알이 들어 있어요. 눈에 보이지도 않는 이 기생충은 수년 동안 배설물이나 더러운 물속에 살면서 사람이나 동물이 자신을 집어삼킬 때까지 기다린답니다. 꼭 고양이 똥을 먹어야만 톡소플라스마증에 걸리는 것은 아니에요. 톡소플라스마 기생충이 있는 똥을 만진 더러운 손을 입에 대는 것으로 충분해요. 고양이 똥을 만지지 않더라도, 톡소플라스마에 감염된 고기를 먹으면 병에 걸리게 되죠.

### 야옹아, 날 잡아먹어!

고양이는 톡소플라스마가 몸속에 들어와도 아프지 않아요. 고양이의 똥과 접촉한 다른 동물이 아픈 거죠. 톡소플라스마는 오로지 고양이만 좋아해서, 쥐의 몸속에 있을 때조차 고양이의 몸으로 들어가기 위해 꾀를 부려요. 바로 쥐의 뇌를 조종하는 거죠.

정상적인 쥐라면 절대 자신을 잡아먹는 고양이 곁에 다가가지 않을 거예요. 고양이 냄새가 나는 곳도 무조건 피하겠죠. 그런데 톡소플라스마증에 걸린 쥐는 고양이 오줌을 너무 좋아하게 되어서 고양이가 사는 곳 주변을 어슬렁거려요. 그러다 결국 고양이에게 잡혀 최후를 맞이하죠. 이렇게 해서 톡소플라스마는 그토록 좋아하는 고양이의 몸속으로 들어가게 된답니다.

## 뇌를 조종하는 기생충들

톡소플라스마의 항체를 연구하기 위해 사람의 혈액을 조사하던 과학자들은 우리 중 80퍼센트가 고양이를 좋아하는 톡소플라스마에 감염되었을 것으로 추측했어요. 쥐의 생각까지도 맘대로 바꾸는 기생충이라면 우리 사람에게는 어떤 짓을 할까요? 대답을 들으면 정말 놀랄 거예요.

과학자들은 톡소플라스마증의 잠재적인 부작용을 찾는 실험을 했어요. 톡소플라스마에 감염된 환자들, 그리고 그들과 같은 지역에 사는 비슷한 나이의 정상인들을 서로 비교했죠. 즉, 바이러스에 감염된 환자와 그렇지 않은 사람들의 행동을 비교한 결과, 환자들이 보이는 특이한 행동을 발견할 수 있었어요. 확실하게 증명하기는 어렵지만, 과학자들이 무엇을 발견했는지 볼까요?

톡소플라스마증에 걸린 환자는 정상인보다 외부 환경에 반응하는 속도가 느렸어요. 그래서 교통사고를 비롯한 위험한 상황을 겪을 가능성이 더 높아요. 또 고양이의 오줌 냄새를 선호하는가 하면, 자식을 낳으면 아들을 낳을 확률이 높다고 해요. 뿐만 아니라 다른 사람을 의심하는 경향을 보였어요. 하지만 고양이처럼 종일 햇빛을 쬔다거나, '야옹' 하고 운다거나, 실타래를 가지고 논다거나 하지는 않는답니다.

# 헬리코박터 파일로리

**위에 사는 천하장사 박테리아예요.**

우리의 위장은 결코 평화롭지 않아요. 음식물을 소화하기 위해 위산이 가득 차 있죠. 위산은 염산과 염화칼륨, 그리고 소금으로 잘 알려진 염화나트륨이 합쳐진 물질이에요. 위산은 음식물에 들어 있는 단백질을 분해하는 역할을 한답니다.

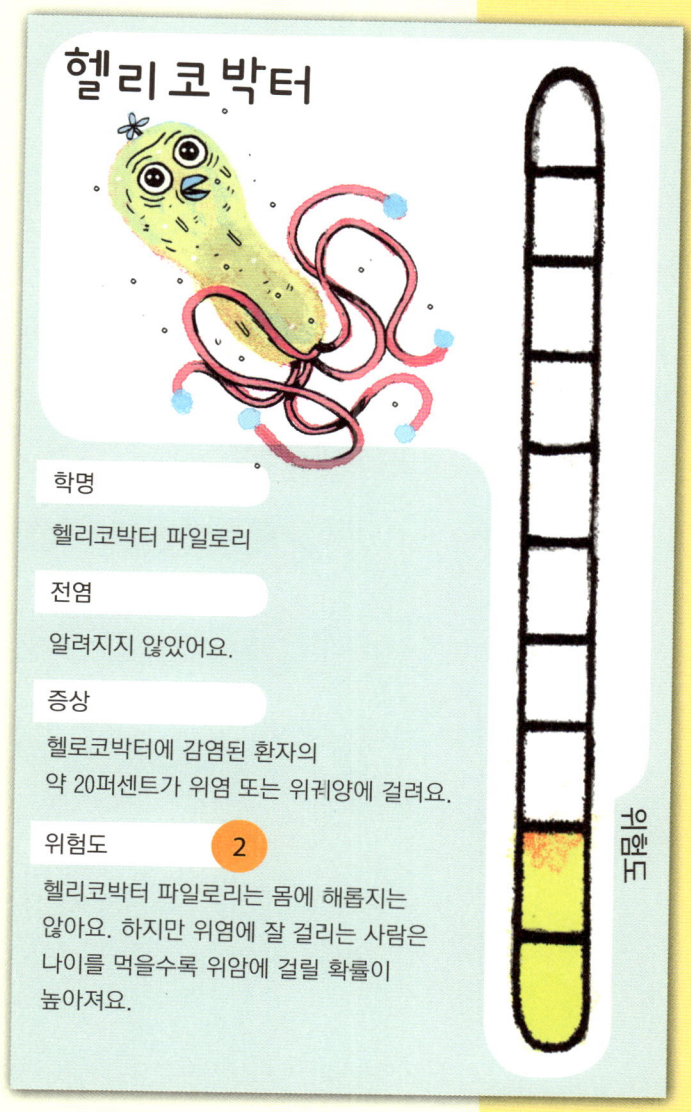

**학명**
헬리코박터 파일로리

**전염**
알려지지 않았어요.

**증상**
헬로코박터에 감염된 환자의 약 20퍼센트가 위염 또는 위궤양에 걸려요.

**위험도** 2
헬리코박터 파일로리는 몸에 해롭지는 않아요. 하지만 위염에 잘 걸리는 사람은 나이를 먹을수록 위암에 걸릴 확률이 높아져요.

## 박테리아로 조상을 알 수 있다고?

과학자들은 사람의 위에 수만 년 전부터 헬리코박터 파일로리가 살았다는 걸 알아냈어요. 아주 오래전 아프리카에서 이미 헬리코박터 파일로리에 감염된 사람이 있었다는 사실을 발견했거든요. 그 뒤 세월이 흐르면서 헬리코박터 파일로리는 인류의 이동에 따라 전 세계로 퍼져 나갔어요. 그리고 현재는 사람 위에 있는 헬리코박터 파일로리를 통해, 그 사람의 조상이 어디에서 왔는지도 알 수 있게 되었답니다. 참 놀랍죠! 사실 헬리코박터 파일로리는 굉장히 흔한 박테리아예요. 전 세계 인구 중 절반 이상이 위 안에 헬리코박터 파일로리를 가지고 있거든요.

## 놀라운 발견

미생물은 위처럼 산성이 강한 곳을 좋아하지 않아요. 그래서 몇 십 년 전까지만 해도 과학자들은 위에 미생물이 살 거라는 생각조차 못 했어요. 그런데 1982년 호주의 과학자인 배리 마셜과 로빈 워런이 위 안에서 구불구불하게 생긴 박테리아를 발견했어요. 위궤양과 위염에 걸린 환자의 위에서 세포 조직을 추출해 현미

### 점액 속 숨바꼭질

헬리코박터 파일로리는 위벽을 감싸는 점액 속에 숨어 있어요. 그래서 강한 산성 물질이 나오는 위 안에서도 꿋꿋이 살아남을 수 있어요. 또 주변의 산성도를 빠르게 알아차려서 위산이 많이 나온다 싶으면 올챙이 꼬리처럼 생긴 꼬리를 흔들며 위벽 안쪽 깊숙이 들어가 버린답니다.

경으로 관찰하다가요. 그런데 이 박테리아는 건강한 사람의 위에는 없었어요. 그래서 두 과학자는 이 박테리아가 위에 문제를 일으킨다는 걸 알게 되었죠. 이 박테리아가 바로 '헬리코박터 파일로리'예요.

## 오, 정말일까? 증명하기!

정말 놀라운 발견이었지만 그 당시에는 아무도 믿지 않았어요. 많은 과학자들이 박테리아는 위에서 살 수 없다고 주장했죠. 2년 후 과학계의 반박에 실망한 배리 마셜 박사는 동료와 함께 헬리코박터 파일로리가 위염과 위궤양을 일으키는 주범이라는 것을 직접 증명하기로 결심했어요. 미셸 박사는 어떻게 증명했을까요? 직접 마셔 버렸죠! 실험실에서 배양한 헬리코박터 파일로리를 꿀꺽 삼킨 거예요.

3일 뒤 마셜 박사는 몸이 아프기 시작했고, 8일 뒤에는 위염 진단을 받았어요. 헬리코박터 파일로리를 삼키기 전에는 위가 멀쩡했는데 말이에요. 14일째 되던 날, 마셜 박사는 헬리코박터 파일로리를 죽이기 위해 항생제를 복용했어요. 마셜 박사는 자신의 몸을 희생하며 얻어 낸 실험 결과를 학계에 발표했고, 과학자들은 결국 그의 주장을 믿게 되었답니다. 2005년 마셜과 워런은 이 실험 결과로 노벨상을 받았어요.

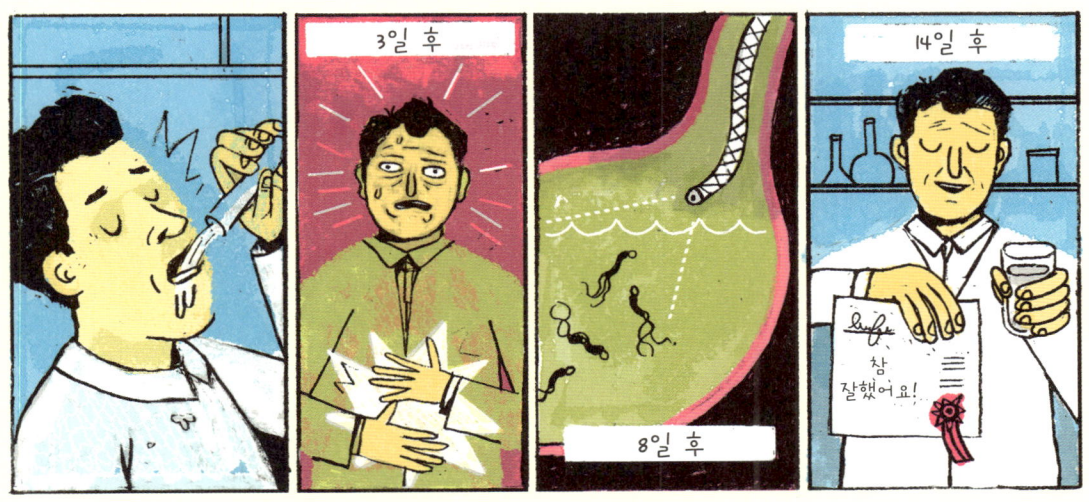

# 4 미생물과 함께 사는법

**인류 문명에 있어 중요한
역사적 사건 하면 뭐가 떠오르나요?
콜럼버스의 신대륙 발견, 엔진의 발명,
두 차례의 세계 대전 등이 있을 거예요.
하지만 빼놓을 수 없는 또 한 가지가 있어요.
바로 미생물의 발견이랍니다.**

7,500년 전, 인류는 작은 마을을 이루며 함께 살기 시작했어요. 5,500년 전부터는 이런 마을이 점점 커져 큰 도시로 발전했죠. 병원균이 이 사람에서 저 사람으로 퍼지는 데 유리한 환경이 만들어진 거예요.

최초의 병원균은 어디서 나왔을까요? 수많은 연구에서 사람을 감염시키는 병원균은 대개 동물에게 질병을 일으키는 병원균과 밀접한 관련이 있다는 게 밝혀졌어요. 홍역 바이러스는 개나 소에 전염되는 바이러스와 사촌이에요. 사람들이 농사일이나 물건을 실어 나르는 일에 쓰려고 가축을 키우기 시작하면서 동물을 공격하던 바이러스가 사람까지 공격하게 된 거죠.

이렇게 병원균은 사람과 밀접한 관계를 맺으며 함께 살기 시작하면서, 수많은 전염병을 일으켰어요. 그래서 사람들은 전염병에 걸리지 않기 위해서 공중위생, 백신, 항생제 등을 생각해 내게 되었지요.

우리가 사는 세상에는 늘 병원균이 도사리고 있어요. 병원균이 존재하지 않는 곳이 없을 정도이지요. 병원균은 마치 장기판에서 말을 옮길 때마다 상대방이 내 말을 쫓아오는 것처럼, 우리가 병원균을 피해 자리를 옮길 때마다 우리를 졸졸 따라와요.

병원균에 맞서는 최고의 공격은 예방이에요. 평상시에 주변을 깨끗이 하고, 더러운 것을 멀리하면 되죠. 현대 의학과 전염병 예방에 대한 기본적인 상식도 알고 있으면 좋아요.

비누와 물, 기본적인 상식은 최고의 살균제다.
- 윌리엄 오슬러 경(캐나다 의학자, 1849~1919)

# 역사를 바꾼 전염병

**전염병은 인류 역사를 수차례 바꾸었어요.
때때로 놀라운 방법으로요.**

페스트균은 여러 차례 무수히 많은 사람들의 목숨을 앗아 갔어요. 서기 541년, 페스트의 유행으로 비잔틴 제국(동로마 제국)의 시민들이 네 명 중 한 명 꼴로 죽어 나갔어요. 비잔틴 제국의 유스티니아누스 황제는 페스트로 인해 군대의 힘이 점점 약해지자 비잔틴 제국과 서로마 제국을 합치려고 했어요. 만약 유스티니아누스 황제의 전략이 성공했다면 오늘날의 유럽은 지금과 다른 모습이었을 거예요.

페스트는 프랑스 나폴레옹 황제의 정복 활동을 가로막기도 했어요. 1798년 나폴레옹 황제는 이집트를 정복한 뒤 이웃에 있는 시리아를 공격하려고 했어요. 하지만 나폴레옹 황제가 이끄는 군대에 페스트가 퍼지고 말았죠. 2,000여 명의 군사들이 페스트에 걸려 목숨을 잃었고, 결국 나폴레옹 황제는 군대를 철수했어요. 나폴레옹의 시리아 정복은 실패로 돌아가고 말았답니다.

### 전염병이다! 휴전! 휴전!

전염병 때문에 휴전을 한 적도 있어요. 1995년에 수단에 내전이 일어났는데 기생충병이 확산됨에 따라 수단 정부가 두 달의 휴전을 선언했어요. 그래서 의료진들이 마을을 돌아다니며 환자들에게 백신과 의약품을 공급할 수 있었죠.

## 감자를 공격하는 병원균

사람 몸에 옮는 병원균만 인류 역사에 영향을 미친 것은 아니에요. 식물에 생긴 병원균 때문에 대이동이 벌어진 적도 있어요. 1845년 아일랜드에서는 감자 역병균이 극성을 부리면서 감자 수확량이 절반으로 줄었어요. 이 병을 '감자잎마름병'이라고 해요. 주식으로 먹는 감자가 턱없이 부족해지자 100만 명 이상이 고향을 등지고 해외로 떠났어요. 그들은 세계 여러 곳에 자리를 잡았죠. 어쩌면 우리 조상 중에 당시 해외로 이주했던 아일랜드 인이 있을지도 몰라요.

# 공중위생

19세기에 콜레라가 수많은 사람들의 목숨을 빼앗아 간 뒤에 놀라운 변화가 일어났어요. 바로 공중위생이 자리 잡기 시작한 거예요.

1800년대 세계 여러 나라의 도시들은 더럽고 복잡한 환경이었어요. 사람들은 요강에 볼일을 본 뒤 거리에 쏟아 버렸어요. 식수로 사용되는 강에도 쓰레기가 둥둥 떠다녔고, 푸줏간 주인은 썩은 고깃덩어리를 길거리에 버렸죠. 대가족이 한 방에서 사는 경우도 많았는데, 좁은 공간에 여러 사람이 함께 살다 보니 악취가 진동했어요. 이런 상황에서 물을 통해 옮겨 다니는 전염병인 콜레라가 퍼진 건 어쩌면 당연한 결과였죠.

1850년대 런던의 템스 강에는 콜레라균이 우글우글했어요. 콜레라균은 결국 도시 전체를 초토화시켰죠. 1858년에는 강에서 풍기는 악취가 너무 심해서 영국 의회가 건물을 옮기려고 시도했던 '대악취 사건'이 발생하기도 했답니다.

## 공중위생의 놀라운 변화

콜레라에 걸린 국민들이 분노하자 영국 정치인들은 템스 강을 깨끗하게 만드는 정책만이 유일한 희망이라고 여겼어요. 그래서 사람들이 강에 오물과 쓰레기를 절대로 버리지 못하도록 조치를 취해서 콜레라를 막았답니다.

또한, 영국 정부는 조셉 바잘게트란 기술자를 고용해 하수 처리장을 만들도록 했어요. 가정에서 버리는 오물을 강으로 바로 내보내지 않고, 하수 처리장을 거쳐서 깨끗하게 정화해 내보내려는 거였지요.

조셉 바잘게트가 발명한 하수 처리장은 쓰레기와 오물 등 더러운 것들을 사람들이 사는 환경으로부터 떨어뜨려 놨어요. 덕분에 런던의 콜레라 발병률은 크게 줄었어요. 그래서 유럽과 북아메리카의 큰 도시에서도 영국의 하수 처리 시스템을 따라 하게 되었죠.

## 재채기와 기침의 강력한 힘

기침이나 재채기를 할 때 입과 코에서 나오는 병원균들은 얼마나 빠르게 튀어 나갈까요? 기침을 할 때 병원균은 1초에 최고 10미터까지 날아가요. 이 속도는 세계에서 가장 빠른 달리기 선수의 속도와 비슷해요. 재채기를 할 땐 병원균이 1초에 무려 50미터까지 날아가요. 다행히 병원균의

빠른 확산을 막을 수 있는 간단한 방법이 있어요. 기침이나 재채기를 할 때 휴지로 입을 막으면 돼요. 그 휴지는 곧장 쓰레기통에 버리고, 이어서 손을 씻으면 되죠. 휴지가 없다면 팔꿈치 안쪽에 입을 대고 하세요. 손바닥으로 가리면 병원균이 손에 묻기 때문에 손 대는 곳마다 병원균을 퍼트릴 수 있어요.

## 손 씻기의 중요성

공중위생 문제는 단지 화장실과 하수 처리장만으로 해결되지 않아요. 질병의 확산을 막기 위해서는 손을 자주 씻어야 해요. 가장 쉬우면서도 효과적인 방법이죠. 손을 씻을 때는 20초 동안 비누칠을 한 다음 따뜻한 물로 헹구세요. 20초가 어느 정도 시간이냐고요? 생일 축하 노래를 두 번 부를 때까지 손을 비비면 돼요.

## ✓ 안전한 음식을 먹기 위한 4단계

우리가 자주 찾는 음식점들이 생각만큼 깨끗하진 않아요. 음식점에서 판매되는 닭고기의 3분의 1 이상에서 캄필로박터균이나 살모넬라균이 발견되죠. 음식을 요리할 땐 식품을 깨끗하게 관리하는 것이 중요해요. 생고기는 더더욱 신경 써야 하죠. 다음은 안전하게 음식을 먹기 위한 4가지 단계예요.

### 1 씻기!

과일이나 채소를 깨끗이 씻어요. 도마와 요리 도구, 조리대 등 요리 도구는 사용하기 전과 후에 세제를 푼 뜨거운 물로 닦아요.

### 2 익혀 먹기!

고기를 요리할 땐 온도계를 이용해 적정 온도까지 올라갔는지 확인해 가며 확실히 익혀요.

### 3 분리시키기!

장을 볼 때 생고기는 다른 식품과 함께 넣지 말고 따로 담아요. 식사 준비를 할 때도 마찬가지예요.

### 4 냉장고에 넣기!

냉동시킨 고기는 바로 조리하지 말고 냉장고에 넣어 해동시켜요. 고기는 조리하기 최소 두 시간 전에 냉장고에서 해동시키는 게 좋아요.

# 백신

**1796년 천연두의 유행을 계기로 백신이 개발되었어요.
그 후 전염병의 역사가 달라졌답니다.**

의학 기술은 18세기 유럽에서 본격적으로 발전했어요. 천연두와 같은 질병으로 많은 사람이 죽던 시기였지요. 공기를 통해 천연두 바이러스가 퍼지면서 해마다 50만여 명이 사망했어요. 천연두는 두창 또는 마마라고도 해요. 천연두에 걸리면 눈에 금방 띄어요. 몸 전체에 울퉁불퉁 혹처럼 생긴 열꽃이 올라오거든요.

천연두가 극성을 부리던 시절, 에드워드 제너란 열세 살 소년이 있었어요. 마을 외과 의사 밑에서 견습생으로 일하던 제너는 흥미로운 사실을 발견했어요. 농부나 소젖을 짜는 여자들이 우두는 걸려도 천연두에는 걸리지 않았다는 거예요. 우두는 소에게 발생하는 질병으로 천연두의 사촌 격이죠.

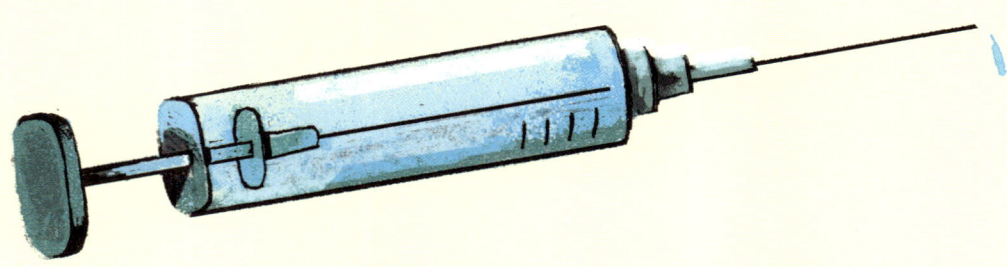

## 제너 박사의 위험한 실험

세월이 흘러 제너는 의사가 되었어요. 제너는 우두를 이용해 천연두를 예방할 수 있다는 가설을 세웠어요. 어느 날 마을에서 소젖을 짜는 아주머니가 우두에 걸려 제너를 찾아왔어요. 우두에 감염된 소의 젖을 짜다 아주머니 역시 우두에 걸린 거예요. 제너 박사는 우두에 걸린 소의 고름을 짠 다음 천연두에 걸린 소년 제임스의 팔에 난 상처에 문질렀어요. 그로부터 두 달 후, 제너 박사는 제임스의 천연두 바이러스 수가 줄어들었다는 것을 확인했어요. 물론 이건 아주 위험한 실험이었어요. 제너 박사의 가설이 옳았으니 망정이지, 만약 틀렸다면 제임스는 천연두에 우두까지 걸려 죽었을지도 몰라요.

다행히 제임스는 건강을 회복했고 천연두도 말끔히 나았어요. 제너 박사는 이후로도 주기적으로 제임스의 상태를 검사했지만 제임스는 다시는 천연두에 걸리지 않았어요. 제너 박사의 실험은 대성공이었어요. 이렇게 해서 세계 최초의 천연두 백신이 개발될 수 있었답니다.

## 백신은 어떻게 작용할까?

제너 박사가 우두 실험을 통해 고안한 백신의 기본 원리는 오늘날까지 그대로 사용되고 있어요. 다행히 오늘날의 백신은 물집의 고름을 바르는 것보다는 훨씬 정교해졌죠. 백신의 원리는 간단해요. 우리 몸의 면역 체계가 위험한 바이러스나 박테리아를 미리 경험해서 기억하게 한 다음, 그들이 다시 나타났을 때 그들을 효과적으로 물리쳐서 전염을 막도록 하는 거예요. 한마디로 범인을 붙잡기 위해 공개 수배를 하는 거지요. 은행 강도나 빈집털이범을 붙잡기 위해 용의자의 사진을 공개하면 시민들이 그와 비슷하게 생긴 사람을 보자마자 바로 경찰에 연락을 하는 것처럼요.

## B세포는 기억력 대장!

우리가 백신을 맞으면, B세포라 불리는 세포들이 항체를 만들기 시작해요. B세포는 한 번 본 병원균은 절대로 잊지 않아요. 기억력이 코끼리처럼 아주 좋거든요. 그래서 다음 번에 또 그 병원균을 마주치면 온몸에 항체를 퍼뜨려서 그 바이러스나 박테리아가 꼼짝 못하게 만들죠. 병원균이 우리 몸에 들어와 피해를 입히는 걸 막는 거예요. 또한 우리 몸이 아파지기 전에 다른 종류의 면역 세포들을 동원해 병원균을 처치한답니다.

## 백신 들여다보기

과학자들은 면역 세포가 병원균을 확실히 기억할 수 있게 세 가지 방법으로 백신을 만들어요. 첫 번째는 제너 박사의 천연두 백신처럼 살아 있는 바이러스나 박테리아를 쓰는 거예요. 이 백신은 우리가 물리치려는 병원균과 비슷하게 생겼지만 병에 걸리게 만들진 않아요. 두 번째는 진짜 병원균을 쓰는 거예요. 하지만 화학요법과 열, 방사성으로 인해 이미 죽은 것들이죠. 세 번째는 독감 바이러스 표면의 뾰족한 단백질처럼 병원균의 일부 조각을 쓰는 거예요.

# 항생제

20세기 초에는 결핵과 같은 박테리아 감염으로
해마다 수백만 명이 목숨을 잃었어요.
과학자들은 어떻게든 해결책을 찾으려고 애를 썼어요.
그러다가 예상치 못한 곳에서 치료법을 찾았어요.

영국의 미생물학자인 알렉산더 플레밍(1881~1955)은 스코틀랜드에서 의사로 일했어요. 플레밍은 제1차 세계 대전 때 군부대 병원에 근무하면서 많은 부상병이 죽어 가는 모습을 보았어요. 부상병 중 많은 수가 상처를 통해 박테리아에 감염돼 죽었죠. 전쟁이 끝난 뒤 플레밍 박사는 연구실에서 치명적인 전염병의 치료법을 개발하기로 마음먹었어요.

플레밍 박사는 사람들의 존경을 받는 훌륭한 학자였지만, 연구실은 쓰레기장처럼 항상 어질러져 있고 더러웠어요. 박테리아가 가득 들어 있는 페트리 접시를 몇 주 동안 치우지 않은 적도 여러 번 있었죠. 그런데 플레밍의 이러한 습관이 뜻하지 않게 플레밍을 20세기의 위대한 발명가로 이끌었답니다.

### 마법의 분자

1928년 플레밍 박사는 긴 휴가를 마치고 연구실을 찾았어요. 박테리아를 배양한 페트리 접시를 확인해 보니 포도상구균이 푸른곰팡이로 덮여 있었죠. 더 자세히 관찰해 보니 곰팡이가 낀 곳에는 박테리아가 모두 죽어 있었어요. 플레밍 박사는 푸른곰팡이가 박테리아를 파괴하는 능력이 있다는 것을 발견했어요.

플레밍 박사는 푸른곰팡이에서 박테리아만 죽이는 물질만을 골라내어 '페니실린'이라는 물질을 만들었어요. 페니실린은 일정한 조건이 갖추어지면 얻을 수 있는 물질로, 바로 이 물질이 페트리 접시에 있던 박테리아를 죽인 범인이었죠.

## 놀라운 멜론

전 세계 과학자들은 페니실린을 대량 생산하는 방법을 연구했어요. 이윽고 1942년에 드디어 열 명의 환자를 치료할 수 있는 양의 페니실린을 보유하게 되었어요. 플레밍 박사가 페니실린을 발견한 지 14년 만에 성공한 일이죠. 1943년에는 제2차 세계 대전이 일어나면서 부상병을 치료하기 위한 항생제가 절실해졌어요. 과학자들은 밤낮 없이 페니실린을 만드는 데 매달렸죠. 그러던 중 구원자가 나타났어요. 바로 멜론의 품종 중 하나인 '캔털루프'였죠.

미국 일리노이 주의 도시인 피오리아의 한 항구에 푸른곰팡이가 가득 핀 캔털루프가 도착했어요. 과학자들이 지금까지 본 것 중 가장 많은 양의 푸른곰팡이였죠. 이 특이한 과일 덕에 1944년에는 200만 회 분량의 페니실린이 생산됐고, 1년 후에는 6,000억 회 분량이 생산되면서 바야흐로 항생제의 시대가 열렸답니다.

## 항생제의 모든 것

항생제는 '생명에 저항하는 약'이라는 뜻이에요. 박테리아와 같은 미생물이 늘어나는 것을 막아 주는 물질이죠. 바이러스는 스스로 복제할 수 없어서 항생제가 소용 없어요. 박테리아와 균류, 기생충에만 효과가 있죠. 물론 균류와 기생충 감염은 항생제 말고 다른 약으로도 치료가 가능해요.

항생제는 용도에 따라 종류가 다양해요. 페니실린과 같이 박테리아의 성장을 막는 것도 있고, 박테리아의 영양분을 빼앗는 것도 있어요. 어떤 항생제는 특정 박테리아에만 작용하고, 또 어떤 항생제는 모든 미생물을 파괴하는 바람에 우리 몸에 있는 좋은 미생물까지 모두 없애기도 해요. 유산균처럼 사람에게 이로운 미생물은 오히려 몸에 있는게 좋아요. 유산균을 얻으려면 요구르트나 우유 등 좋은 유산균이 들어 있는 음식을 먹거나, 가루 또는 캡슐 형태로 섭취하는 방법도 있어요.

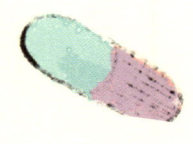

# 박테리아의 반격

**사람과 병원균은 서로 이기려고 치열한 다툼을 벌여요.
어떤 박테리아는 항생제에 맞서 싸우기 위해
재빨리 생존 방법을 바꾸죠.**

최초의 항생제가 소개된 뒤로, 우리 주변의 박테리아들은 새로운 약품에 민감하게 반응하기 시작했어요. 박테리아에 감염되어도 치료하는 것은 시간 문제였고 의사들은 항생제를 열심히 처방해 주었으니까요. 하지만 몇 년이 흐르자 항생제에 대항하는 박테리아들이 서서히 모습을 드러내기 시작했어요.

## 슈퍼버그의 탄생

박테리아가 유전 정보를 바꾸며 돌연변이를 일으킨 거예요. 이 돌연변이 박테리아는 항생제를 투여해도 끝까지 살아남아, 세포 분열을 계속하며 개체 수를 늘려 나갔어요. 몇 시간 안에 세포 하나가 수백만 개로 늘어날 정도로요. 그러고는 사람들을 감염시켰지요.

결국 과학자들은 돌연변이 박테리아를 물리칠 새로운 항생제를 개발해야만 했어요. 하지만 새로운 약을 개발해도 박테리아가 어느새 저항할 수 있는 형태로 변해 버렸지요. 최초의 항생제가 만들어진 지 몇십 년 만에, 그 어떤 항생제도 듣지 않는 초강력 박테리아가 생겨난 거예요. 이 박테리아를 '슈퍼버그'라고 불러요.

## 박테리아를 향한 창들

발견은 전혀 생각지도 못한 곳에서 일어나기도 해요. 개구리의 울퉁불퉁한 피부 같은 곳에서도 일어나지요. 1987년 마이클 자슬로프는 우연히 개구리 피부에 에피네프린(아드레날린)을 뿌리자 작은 물집이 생기는 걸 발견했어요. 이 물집 속에는 '마게이닌'이라고 하는 조그만 단백질 수백만 개가 있었어요. 마게이닌은 작은 창처럼 생겨서, 박테리아 세포를 찔러 구멍을 냈죠. 다른 건강한 세포에 피해를 입히지도 않았고요. 마게이닌은 과학자들에게 전염병을 치료할 수 있는 또 다른 가능성을 열어 주었어요.

## 제너, 플레밍, 다음은 누굴까?

백신과 항생제의 발견은 과학자들의 위대한 연구 성과라고 할 수 있어요. 바이러스 전염병과 같이 수많은 사람의 목숨을 앗아 가는 심각한 질병이 확산될 때마다 과학자들은 치료법을 개발하고 있어요. 최근에 항생제의 내성이 문제가 되자 전 세계의 과학자들이 박테리아와 싸울 새로운 방법을 찾아 나섰어요. 자, 백신을 만든 제너, 항생제를 만든 플레밍에 이어, 또 누가 새로운 발견을 하게 될까요?

### 박테리아의 긴급 활동

박테리아는 항생제를 이기려고 진화를 반복했어요. 돌연변이를 시도해 항생제 분자를 집어삼키는 단백질을 만드는가 하면, 어떤 박테리아는 항생제가 세포 안으로 침투하자마자 바로 내쫓으려 애를 썼죠. 보트에 물이 새자마자 얼른 바가지로 물을 퍼내는 것처럼 말이에요.

# 유전자, 게놈, 그리고 미생물

**미생물은 인류 역사에만 영향을 끼친 게 아니에요.
인간 생물학을 성립하는 과정에도 참여했죠.**

우리 모두에게는 각자 고유한 기호가 있어요. 디옥시리보 핵산, 즉 디엔에이(DNA)라고 하는 유전자예요. 이 기호에는 인간을 구성하기 위한 설계도가 들어 있어요. 이 설계도에 따라 유전 정보들이 모여 완성된 것이 바로 게놈(유전체)이랍니다.

## 유전자 정보들

게놈은 한마디로 사람의 몸을 이루는 정보예요. 요리할 때 여러 단계가 있는 것처럼 게놈도 여러 단계로 나누어 설명할 수 있어요. 일단 가장 기본적인 재료로 염색체가 있어요. 각 염색체에는 유전자가 담겨 있죠. 단어 하나가 완성되려면 여러 철자가 필요하듯이 유전자 하나가 완성되려면 '뉴클레오티드'라는 화합물이 여러 개 필요해요.

사람의 몸에는 약 30억 개의 뉴클레오티드가 있어요. 뉴클레오티드가 모인 유전자 정보는 약 2만 개이고, 유전자가 모인 염색체는 총 23쌍이에요. 뉴클레오티드는 아데닌, 시토신, 구아닌, 티민으로 이루어져 있어요. 과학자들은 이것들을 간단하게 알파벳 약자인 에이(A), 시(C), 지(G), 티(T)로 부른답니다.

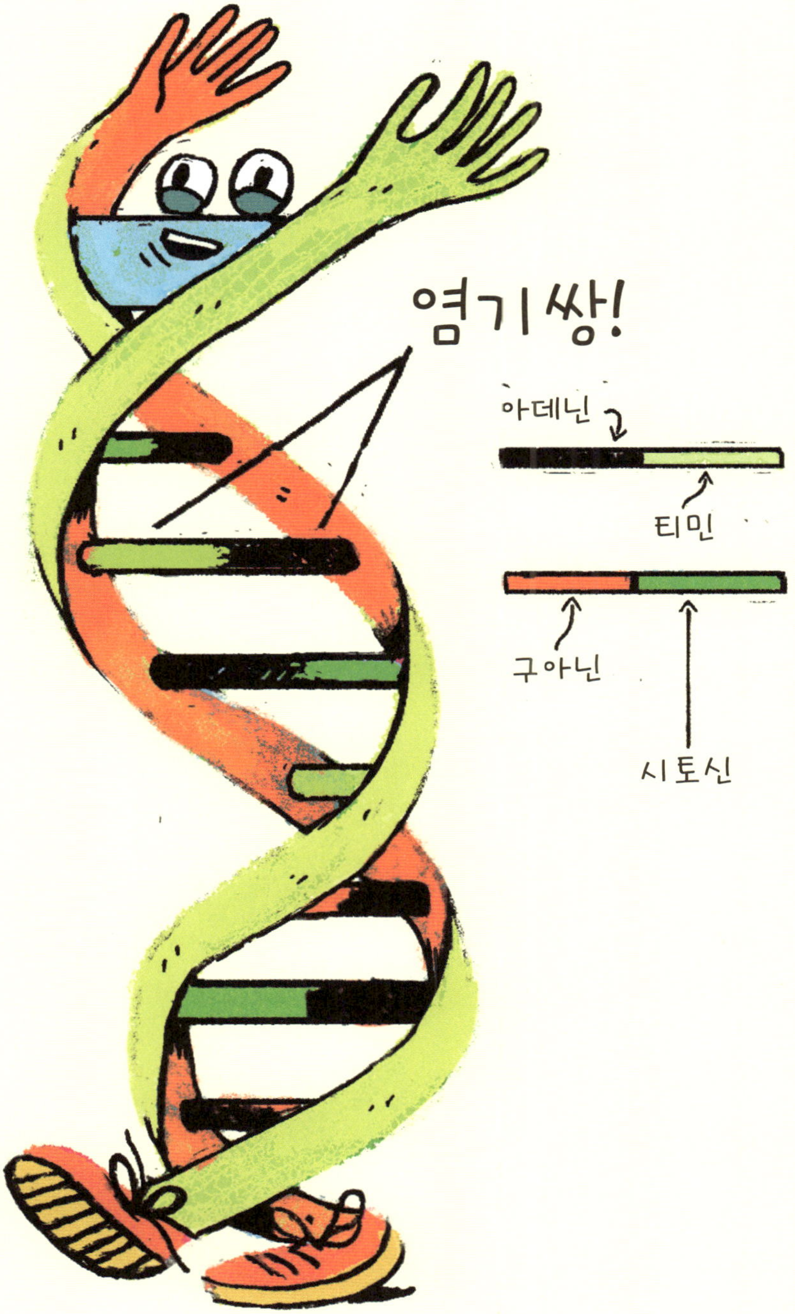

염기쌍!

아데닌
티민
구아닌
시토신

유전자

## 유전자의 진화

우리 몸과 관련된 모든 정보는 유전자를 통해 확인할 수 있어요. 눈 색깔에서 귀지의 축축한 정도까지 모든 특징이 유전자에 따라 결정되지요. 일생 동안 어떤 질병에 걸리게 될지도 유전자를 통해 알 수 있어요. 유전자는 우리가 병원균에 대항해 어떤 반응을 할지도 말해 준답니다. 어떤 사람은 다른 사람보다 특정 전염병에 걸릴 확률이 훨씬 높아요.

유전자가 돌연변이를 일으킬 때도 있어요. 뉴클레오티드의 에이(A)가 시(C)로 바뀌는 경우를 예로 들 수 있죠. 우리에게 유익한 돌연변이가 발생하면 특정한 병원균에 더 잘 저항할 수 있어요. 그럼 생존 가능성이 높아지고 자손에게도 좋은 유전자를 물려줄 수 있어요. 이러한 변화 과정을 '진화'라고 말해요. 인류는 오랜 세월 동안 진화해 왔고, 박테리아와 바이러스도 빠르게 진화해 왔어요. 그 결과 항생제에 내성이 생기는 기간도 빨라졌어요. 해마다 독감 바이러스가 변신을 시도하는 이유도 다 그 때문이죠.

## 보호를 위한 유전학

사람과 미생물은 오랜 세월 함께 생활했어요. 전염병으로부터 우리를 보호해 주는 게놈도 같이 진화했죠. 1940년대에 아주 유명한 사례가 있어요. 영국의 생물학자인 존 버든 샌더슨 홀데인은 '겸상 적혈구 빈혈증'이란 질병이 열대 지방에 사는 특정 집안에서 잘 나타난다는 것을 발견했어요. 홀데인은 이 빈혈증이 이곳 사람들의 건강에 도움이 되었을 거라고 추측했어요. 그렇지 않았다면 여러 세대에 걸쳐 계속 유전되지 않았을 테니까요.

몇 년이 더 흘러 홀데인의 추측은 사실로 증명되었어요. 겸상 적혈구 빈혈증 유전자를 가진 사람은 유전자가 변형되어 있었는데, 이것이 말라리아를 예방해 주었다고 해요.

### 사랑을 느끼게 하는 냄새

사랑하는 연인을 찾을 때 무엇을 가장 중요하게 볼까요? 지성? 힘? 건강? 아니면 냄새? 놀랍게도 정답은 냄새랍니다. 여성에게 남성의 땀 냄새가 밴 티셔츠 여러 장을 준 다음 가장 끌리는 냄새가 나는 티셔츠를 고르는 실험을 했어요. 남자들은 서로 다른 엠에이치시(MHC) 유전자를 가지고 있는데, 이 유전자는 병원균을 인식하는 면역 체계를 통제해요. 엠에이치시 유전자가 다양할수록 병원균을 더 많이 인식해서 더 잘 싸울 수 있지요. 그래서 여자는 본능적으로 자신과 상반된 엠에이치시 유전자를 가진 남자한테 이성적으로 호감을 느낀대요. 그래야 두 사람이 만나 자녀에게 최상의 면역 체계를 물려줄 수 있기 때문이에요.

# 5 공중 보건의 도전

병원균 때문에 걱정인가요?
병원균 때문에 피해를 보고 있나요?
유행성 전염병에 걸릴까 봐 불안한가요?
걱정하지 마세요!
공중 보건이 우리의 건강을 책임질 거예요.

공중 보건 기관에는 국민들이 전염병에 걸리지 않도록 최선을 다하는 사람들이 많아요. 작은 지역 보건소부터 정부 기관인 보건복지부와 질병관리본부까지, 여러 기관에서 국민들의 건강을 지키기 위해 노력하고 있죠. 한 나라의 공중 보건을 위해서는 많은 전문 인력이 필요하답니다.

공중 보건 기관에는 백신을 접종하는 간호사, 질병의 전염 속도를 계산하는 수학자, 실험실에서 병원균을 연구하는 미생물학자 등 다양한 분야의 전문가가 있어요. 그들이 맡은 임무를 알아볼까요?

**감시하기** 특이한 전염병이 퍼지고 있는지 항상 주의 깊게 살펴요.

**진단하기** 어떤 병원균이 질병을 일으키는지 실험 결과를 토대로 사람들의 건강 상태를 확인해요.

**안전 관리하기** 위생 시설 및 백신 접종 상황을 책임져요.

**질병 통제하기** 전염병이 많은 사람에게 퍼지는 것을 막아요.

**홍보하기** 사람들이 건강한 생활을 할 수 있도록 정보나 지식을 알려요.

미생물 사냥꾼들은 항상 사냥할 준비가 되어 있어야 해요. 언제 전염병이 일어날지 예상할 수 없으니까요. 미생물 사냥꾼들은 인터넷으로 사람들의 건강 상태를 확인하고 정글에 있는 아픈 박쥐의 이동 경로를 추적하죠. 질병 탐정인 미생물 사냥꾼들은 한순간도 지루할 틈이 없어요.

# 미생물 사냥꾼

**건강을 위협하는 미생물로부터
우리를 안전하게 보호해 주는 착한 사람들을 만나 봐요.**

**전염병학자** 얼마나 많은 사람들이 전염병에 걸렸는지, 어떤 미생물이 퍼지는지 연구해요. 심각한 전염병이 돌면 문제의 미생물이 어디에서 시작돼 어떻게 퍼지는지 조사하죠.

**의학 미생물학자** 미생물의 위험성을 확인하는 전문가예요. 주로 실험실에서 일하며, 미생물이 우리 몸에 어떤 증상을 일으키는지 연구하고 새로운 미생물을 찾아내기도 해요.

**수학자** 어떤 질병이 얼마나 빠른 속도로 사람들에게 피해를 주는지 계산해요. 또 질병을 통제하는 프로그램이 얼마나 효과적인지도 수치로 나타내지요.

**사회학자** 공중 보건을 위해서는 의학자뿐 아니라 사람의 마음과 행동을 이해하고 분석하는 사회학자도 필요해요. 사회학자는 손 씻기를 권하는 광고와 같은 공중 보건 캠페인이나 프로그램을 만들어요. 보다 많은 사람이 캠페인에 참여하고 공감할 수 있도록 프로그램을 운영하죠.

**의사와 간호사** 질병이 활동하는 현장에서 용감하게 일하는 전문가예요. 매일 환자를 만나며 새로운 전염병을 가장 먼저 확인하는 사람들이죠. 환자를 치료하고 백신을 접종시키며 병원균이 다른 사람에게 퍼지지 않도록 막아요. 국민들 가까이에서 올바른 건강 지식과 믿음을 주는 사람들이랍니다.

# 전염병이 발생했다!

**전염병이 도는 걸 발견하면 전염병 탐정들은 전염병이 더 퍼지지 못하게 막아요.**

### 전염병 환자 수 세기

전염병에 걸린 정확한 환자 수를 파악하기란 매우 어려워요. 우리가 사는 도시에서 이번 주에 모두 몇 명이 전염병에 걸렸는지 세야 한다고 생각해 보세요. 가장 먼저 무엇을 할 건가요? 집집마다 찾아가서 아픈지 물어볼 건가요? 가정집 문을 두드리면서 코를 훌쩍거리는 사람이 있는지 찾을 건가요? 그런 식으로 환자 수를 파악하려면 아무리 작은 마을이라도 시간이 아주 많이 걸릴 거예요. 하물며 서울처럼 크고 인구가 많은 도시는 어떻겠어요? 나아가 나라 전체의 환자 수를 세야 한다면 말이에요!

한 지역의 전염병 감염 환자 수를 세기 위해 전염병학자들은 지름길을 찾았어요. 바로 미생물의 특징을 알아낸 다음 실험실에서 전염 속도를 계산하는 방법이죠. 병원에 연락해서 의사를 찾아온 특정 질병의 환자 수를 물어보기도 해요. 평소보다 환자 수가 많다면 전염병이 확산되고 있다는 신호예요.

전염병학자들은 환자에게 아프기 하루 전 또는 몇 주 전에 무엇을 했는지, 무엇을 보고 먹었는지 물어보면서 전염병이 어떤 경로로 퍼지게 되었는지 알아내요. 음식이 원인인 경우도 있고, 많은 사람이 참석한 행사장에서 감염됐을 수도 있죠. 여러 가지 정보를 수집하며 감염됐을 가능성이 있는 환자까지 파악해서 발병하기 전에 치료하기도 한답니다.

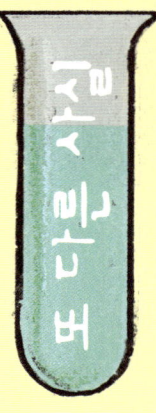

### 재채기, 감기, 그리고 인터넷!

최근 전염병학자들은 질병의 확산 경로를 파악하는 새로운 방법을 찾았어요. 바로 인터넷이에요. 사람들은 아프면 자신의 증상을 인터넷에 검색하며 관련 정보를 찾아봐요. 전염병학자들은 그런 현상을 이용해 '독감'이란 단어가 얼마나 많이 검색됐는지 확인하고, 특정 지역에 독감이 퍼지고 있는 것은 아닌지 조사한답니다.

## 최초의 질병 탐정, 존 스노

1854년 런던의 한 작은 마을에 콜레라가 퍼졌어요. 열흘 만에 500명 이상이 사망하는 끔찍한 일이 일어났죠. 현지 의사인 존 스노는 오염된 물이 원인이라고 생각했어요. 지역 사회 사람들과 이야기를 나누어 본 존 스노는 브로드 가에 있는 공공 급수 펌프를 의심하게 되었어요. 주민들이 이 물을 식수로 쓰고 있었거든요. 존 스노는 이 물을 마신 사람들이 콜레라에 걸렸다는 것을 증명해야 했어요. 수천 명의 목숨이 위태로운 상태여서 빨리 원인을 파악해야 했거든요. 우선, 존 스노는 마을에 가서 콜레라로 몸이 아픈 환자들을 일일이 찾아가 몇 가지 질문을 하며 진단을 했어요.

또 아프지 않은 사람들에게는 어디서 식수를 가져오는지 물었어요. 그 결과 병에 걸린 환자들은 모두 브로드 가의 급수 펌프에 있는 물을 마셨고, 건강한 사람들은 그 물을 마시지 않았다는 게 밝혀졌죠. 존 스노의 연구 결과가 나오자 영국 정부는 공공 급수 펌프를 폐쇄했어요. 그러자 콜레라의 발병률이 줄어들었죠. 존 스노의 연구 방법은 전염병 확산을 막았을 뿐만 아니라 오늘날까지도 전염병 조사의 기본 원칙이 되었답니다.

### 스마트폰으로 질병 탐정 되기

미국의 보스턴 아동 병원에서 일하는 연구가들은 '헬스맵(Health Map)'이라는 스마트폰 앱을 만들어 전염병의 확산을 막고 있어요. 이 앱은 '아웃브레이크 니어 미(Outbreaks Near Me)'라는 프로그램을 통해 웹사이트에서 질병과 관련된 새로운 사례와 보고서를 찾아요. 이 스마트폰 앱을 사용하면 어느 지역에 어떤 질병이 발생했는지 확인할 수 있죠. 마치 스마트폰 속의 존 스노와도 같답니다.

# 전염병의 대유행

**대부분의 전염병은 유행성이 그다지 높지 않아요.
하지만 간혹 대대적으로 퍼지는 전염병도 있어요.**

전염병은 규모에 따라 세 가지로 구분돼요. 유행병과 풍토병, 그리고 판데믹이죠. 이렇게 구분하는 데는 전염병에 걸린 환자의 수뿐만 아니라 전 세계의 어느 지역에 얼마 동안 전염병이 지속되었는지가 중요한 기준이 돼요. 이 기준에 따라 큰 문제가 되는 전염병에서 아주 끔직한 결과를 가져오는 전염병까지 모두 구분할 수 있어요.

## 전염병의 규모

### 유행병
특정 지역에서 어떤 전염병에 걸린 환자가 평소보다 많을 때 유행병으로 분류해요.

### 풍토병
전 세계의 특정 지역에 사는 주민들에게만 꾸준히 발성하는 전염병을 말해요.

### 판데믹
국가적으로, 또는 세계적으로 곳곳에서 급속하게 퍼지는 전염병을 말해요.

101

### 판데믹의 유행

악명 높은 병원균이 모두 판데믹을 일으키는 것은 아니에요. 많은 사람이 백신 접종을 받아서 면역력을 갖추었거나 예방이 되어 있다면 그 병원균은 전 세계로 확산될 수 없어요. 혈액을 통해 전염되는 경우에도 판데믹이 될 가능성이 매우 낮아요. 죽을 만큼 치명적이지도 않고요. 또, 에볼라 같은 질병은 전염 속도가 빠르고 환자의 생명을 매우 빠르게 앗아 가기 때문에 멀리까지 퍼질 시간이 없죠.

병원균 입장에서 판데믹을 일으키는 건 마치 사다리 타기 게임과 같을 거예요. 환자가 언제 어디로 이동할지 모르니까요. 비행기를 타고 해외로 가면 전 세계로 퍼질 것이고, 잘못하면 원점으로 돌아가 버릴 수도 있죠. 과학자들이 백신을 개발하는 건 전염병을 원점으로 되돌리려는 노력이랍니다.

**우리도 해당돼요.**

2009년 전 세계를 공포에 빠지게 했던 '신종 인플루엔자 A(H1N1)'란 바이러스가 있어요. 가장 최근에 있었던 판데믹이죠. 사람들은 이 바이러스가 돼지를 통해 전염되었다고 해서 '돼지독감'이라고 부르기도 했어요.

# 신종 병원균은 어디에서 올까?

**새로운 질병을 일으키는 신종 병원균은
어느 날 우연히 발생하는 게 아니에요.
인간의 생활 환경 속에 있는 미생물로부터 오죠.**

1940년 이후부터 전염병학자들은 약 300가지가 넘는 새로운 전염병을 발견했어요. 대부분 동물로부터 사람에게 전염되는 질병들이었죠. 이렇게 사람과 동물이 같이 걸리는 전염병을 인수 공통 전염병이라고 불러요. 그중 몇 가지 대표적인 예를 살펴볼게요.

### 니파 바이러스

1999년 말레이시아에서 돼지를 키우는 가축업자들이 이상한 질병에 걸리기 시작했어요. 호흡 곤란을 일으키는 환자가 있는가 하면 간염 증상을 보이는 환자도 있었죠. 대부분 뇌가 붓는 증상을 보였는데, 환자의 절반가량이 목숨을 잃었어요. 사람뿐 아니라 돼지들도 죽었죠. 의사들은 처음에는 가축업자와 돼지 모두 일본뇌염에 감염됐다고 생각했어요. 하지만 환자들 중에는 일본뇌염 예방 접종을 이미 맞은 사람이 많았어요. 그건 일본뇌염보다 더 무시무시한 바이러스가 나타났다는 뜻이었어요.

바이러스가 어디서 왔는지 파악하는 일은 쉽지 않았어요. 그래도 전염병학자들은 환자들에게서 샘플을 채취해 범인을 열심히 추적했어요. 이렇게 해서 발견한 바이러스를 말레이시아의 니파에서 처음 발견되었다고 해서 '니파 바이러스'라고 이름 붙였죠. 그때부터 의사는 환자에게서 이와 동일한 바이러스가 발견되면 니파 바이러스에 감염되었다고 진단했답니다.

니파 바이러스는 원래 큰박쥐류에게서 발견돼요. 큰박쥐류의 박쥐들은 보통 정글에서 나무 열매를 먹으며 살죠. 그런데 불행히도 돼지 가축업자들이 정글을 농장으로 개간하면서 큰박쥐들이 서식지를 잃게 됐어요. 박쥐들은 새 보금자리를 찾아 떠났지만 농장에는 큰박쥐들의 배설물이 남아 있었어요. 여기에 있던 바이러스가 돼지에게, 그리고 다시 사람에게 전염된 거예요. 박쥐들이 일부러 그런 건 아니겠지만요.

결국 니파 바이러스는 큰박쥐들이 사는 정글에서 시작해 박쥐의 배설물과 접촉한 돼지를 거쳐 사람의 몸까지 빠른 속도로 퍼진 거였어요.

## 사스

사스의 정식 명칭은 '중증 급성 호흡기 증후군'이에요. 2003년 몇 달 동안 전 세계를 공포에 휩싸이게 한 장본인이죠. 1918년 수백만 명의 목숨을 앗아간 스페인 독감 이후 가장 치명적인 신종 바이러스랍니다.

사스는 2002년 11월에 처음 발견됐어요. 중국의 한 농부가 심한 독감 증세를 보이며 사망했는데 그것이 사스였던 거예요. 농부가 죽은 뒤에도 몇 달에 걸쳐 이 정체 모를 '독감'은 같은 지역에서 연이어 발생했어요.

2003년 3월에는 홍콩의 도심지에서도 같은 환자가 발견되었어요. 호텔에 머물던 손님 한 명이 사망했고 같은 호텔에 묵었던 16명의 외국인에게 전염되었죠. 이들은 바이러스에 감염된 사실을 모른 채 비행기를 타고 고향으로 돌아갔고, 캐나다에서 베트남까지 전 세계에 사스가 퍼지고 말았어요.

과학자들은 밤낮을 가리지 않고 이 신종 바이러스를 연구했어요. 그리고 마침내 이 바이러스에 '사스 코로나 바이러스'란 이름을 붙이고 백신을 개발하기 시작했어요.

다행히 백신을 쓸 일은 생기지 않았어요. 홍콩에서의 발병이 대대적으로 보도되자 의사들이 전염병의 위험성을 알고 즉시 환자들을 격리시켰거든요. 단순한 조치였지만 이로 인해 사스를 막을 수 있었죠. 그때까지 약 8,000명이 사스에 감염되고 775명이 목숨을 잃었어요. 하지만 2003년 6월부터는 사스의 흔적이 더 이상 나타나지 않았답니다.

니파 바이러스처럼 사스도 박쥐에서 시작되었어요. 주인공은 바로 관박쥐예요. 몸집이 작고 평범해 보여도 사스 코로나 바이러스라는 엄청난 질병을 옮긴 녀석이죠. 관박쥐는 처음에 중국의 야생 사향고양이에게 바이러스를 옮겼고, 사향고양이가 홍콩 번화가에 있는 야생 동물 시장에서 거래되면서 사람에게 바이러스가 옮겨졌답니다.

## 야생 병원균으로부터 살아남기

니파 바이러스와 사스의 경우를 보면 다음에 나타날 신종 병원균 역시 동물에게서 시작될 가능성이 높아요. 전 세계 연구가들은 판데믹을 미리 막기 위해 야생 환경에서 나타날 수 있는 신종 질병에 관심을 갖기 시작했어요.

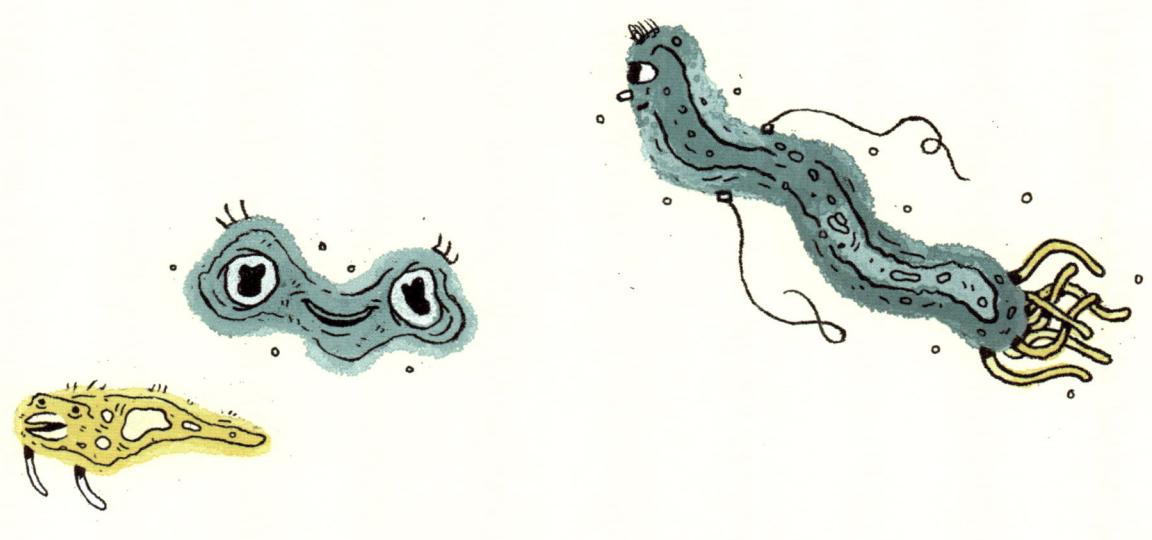

# 정말 끝일까?

위생학과 백신, 근대 의학이 이룬 놀라운 발견으로 많은 질병을 사라지게 만들 수 있었어요. 하지만 과연 미래의 세상이 병원균으로부터 자유로울 수 있을까요?

사람과 미생물은 앞으로도 계속 지구에서 함께 살 거예요. 하지만 과학이 발전할수록 우리는 단순한 재채기나 복통 외에는 심각한 병에 걸리지 않고 건강하게 살 수 있을 거예요. 천연두는 한때 인류에게 대재앙과도 같은 질병이었어요. 하지만 우리가 이 책을 읽고 있는 지금 천연두란 말은 무척 생소하게 느껴져요. 사실은 주변에서 들어본 적도 없죠. 천연두는 질병계의 공룡과도 같은 존재예요. 한마디로 멸종한 거죠.

질병을 완전히 없애는 것을 '박멸'이라고 표현해요. 박멸은 그리 쉬운 일이 아니에요. 천연두와 같은 바이러스는 전 세계 모든 사람이 그에 맞서는 면역력을 갖게 되어 박멸된 거예요. 마지막 천연두 환자가 발견된 1977년 10월 26일은 에드워드 제너가 최초의 천연두 백신을 개발한 지 181년 하고도 5개월 12일이 흐른 뒤였어요. 천연두 바이러스에 대항하기 위한 백신이 전 세계 모든 사람들에게 접종되기까지 그만큼 많은 시간이 걸렸죠.

오늘날 각 나라의 보건 당국들은 다른 많은 질병을 박멸하기 위해 힘쓰고 있어요. 소에게서 바이러스가 전염되는 우역이 박멸되었고, 홍역과 같은 동물 전염병, 소아마비처럼 사람이 걸리는 질병 들도 극복하는 중이죠.

하지만 아무리 우리가 병원균을 예방하고 통제해도, 또 모든 미생물로부터 몸을 안전하게 보호해도 병원균들은 여전히 지구에 존재할 거예요. 어떤 병원균은 해마다 전 세계인을 지속적으로 위협할 것이고, 다가올 새로운 세기에는 그 병원균이 세계의 큰 골칫거리가 될지도 몰라요. 우리가 지구를 어떻게 대하고 다른 사람과 어떻게 상호 관계를 맺느냐에 따라 신종 전염병이 얼마나 퍼지게 될지도 결정되겠죠.

우리는 수백만 종류의 미생물에 둘러싸여 살고 있어요. 그중 일부만이 우리 몸을 아프게 해요. 미생물의 잘못이 아니라 미생물의 생존 방식이 그런 거랍니다. 살기 위해, 그리고 번식하기 위해 포근하고 안락한 곳을 찾는 거니까요. 때로는 그곳이 우리의 코가 될 수도 있고 목이나 배가 되기도 해요. 미생물에게 있어서 그곳만큼 즐거운 집은 없거든요.

어린아이가 바이러스나 박테리아와 평화로운 관계를 맺으며 함께 살기 위해서는 어떻게 해야 할까요? 100년 전 오슬러 박사가 한 말을 기억하세요.

"비누와 물, 기본적인 상식만 있다면 최고의 전염병 퇴치자가 될 수 있어요."

# 찾아보기

## ㄱ

감기 27, 38~41, 45, 57, 98
게놈 90, 92
결핵 6, 82
곰팡이 21, 30, 82, 84
공중 보건 94, 96
공중위생 71, 74~76
광견병 37, 50~52
구토 46
균류 21, 22, 25, 30~31, 85
기관지염 36
기생충 8, 14, 22, 25, 32~33, 36, 53~54, 63~64, 66, 72, 85
기침 38~39, 41, 42, 57, 76

## ㄴ

노벨상 8, 55, 69
뇌 33, 49, 51, 64, 66, 104
니파 바이러스 104~105, 107

## ㄷ

단백질 26, 29, 67, 81, 88~89
대장균 25, 29, 46, 49
뎅기열 36,
독감 6, 22, 42~45, 47, 57, 81, 92, 98, 106
독소 28, 46
돌연변이 86, 89, 92
디엔에이(DNA) 9, 20, 90~91

## ㄹ

루이 파스퇴르 51
리노바이러스 38~39
리스테리아균 46, 49

## ㅁ

말라리아 25, 36, 53~55, 93
면역 체계 22, 27~28, 41, 43, 51, 80, 93
모기 36, 53~55
미생물 군집 13, 19~20
미생물학자 10~11, 13, 20, 24, 37, 82, 94, 96

## ㅂ

바이러스 6, 14, 22, 24~27, 29, 36, 80~81, 85, 89, 92, 102
박테리아 6, 8, 18, 20, 22~25, 28~29, 80~83, 85~89, 92, 109
발터 헤세 20
배리 마셜 68~69
백신 44~45, 51~52, 57~58, 71~72, 78~81, 89, 94, 96, 102, 106~108
병원균 6, 10~11, 22, 33, 41, 47, 59, 70~71, 73, 76, 81, 86, 92~94, 102, 104, 107
분류학 25

## ㅅ

사스 106~107
산성 68

살모넬라 25, 46, 48, 77
생물안전등급 59~60
세계보건기구 34~35, 44~45, 60
숙주 32~33, 43
식중독 46~49
신종 인플루엔자 A 102

## ㅇ

안토니 반 레이우엔훅 16~17
알렉산더 플레밍 82
에볼라 59~62, 102
에이즈 36
유전자 6, 13, 26, 54, 90~93
유행병 101
인플루엔자 42

## ㅈ

전염병 6, 10~11, 57~58, 71~75, 78, 82, 88~89, 92, 94~95, 97~98, 100~102
전염병학자 57, 96, 98, 104~105
존 스노 99~100

## ㅊ

천연두 57, 78~79, 81, 108

## ㅋ

콜레라 29, 74~75, 99~100

## ㅌ

톡소플라스마 63~66

## ㅍ

판데믹 101~102, 107
페니실린 30, 83~85
페스트 72
페트리 접시 18~20, 83
폐렴 28, 36
풍토병 101

## ㅎ

한천 18, 20
항생제 30, 69, 71, 82~86, 89, 92
항체 39, 41, 43, 51, 66, 81
헬리코박터 파일로리 67~69
현미경 9, 15~16, 60
홍역 56~58

111

### 글 제니퍼 가디
캐나다 브리티시컬럼비아대학 질병관리연구소의 수석 과학자이자 같은 대학의 인구 및 공중보건학과 부교수로 일하고 있습니다. 강연과 교육 활동에 힘쓰며, CBC 방송과 캐나다 디스커버리 채널에서 과학 프로그램을 진행하고 있습니다.

### 그림 조시 홀리나티
캐나다의 앨버타아트디자인 대학을 졸업하고 뉴욕스튜디오프로그램을 이수했습니다. 미국 로스앤젤레스와 뉴욕, 독일, 스코틀랜드의 에딘버러 등 다양한 나라의 도시에서 개인전을 가졌습니다. 단행본과 잡지 등 다양한 매체에 그림을 그리고 있습니다.

### 옮김 전혜영
이화여대 불어불문학과를 졸업하고 프랑스 렌 제2대학에서 불문학 석사와 박사 과정을 수료했습니다. 현재 영어와 프랑스어 강사 및 전문 번역가로 활동 중입니다. 옮긴 책으로 《홍당무》《반대 개념으로 배우는 어린이 철학》《선과 악》《사람은 왜 죽나요?》《내 단짝 친구는 누굴까요?》《왜요? 왜요? 왜요?》《자부심과 부끄러움》《인간과 동물》《기쁨과 슬픔》《우리 지구가 쓰레기통인가요》 등이 있습니다.

### 감수·추천 권오길 교수
서울대학교 생물학과를 졸업했으며, 서울대학교 대학원과 중앙대학교 대학원에서 동물학 석사·박사 학위를 받았습니다. 지금은 강원대학교 자연과학대학의 명예 교수로 있습니다.